海洋リテラシーの理念
PHILOSOPHY FOR OCEAN LITERACY ——日本からの発信

序文

　日本では、地域ごとにさまざまなかたちで海洋教育が行われています。民間ベースでは、そうした海洋教育の実践をつなぎ、支える試みも広がっていますが、国政ベースでは、まだ充分に行われていません。私たちは、そうした現状において、日本の海洋教育を今後さらに充実させていくために、Ocean literacy（海洋リテラシー）という概念を提案し、この概念を中心に海洋教育をさらに発展させていきたい、と考えています。

　「海洋リテラシー」は、すでに2017年にユネスコによって提唱され、国際的に使われている言葉です。ユネスコが作成した『Ocean Literacy for All – A toolkit』という書籍もあり、そこでは、現代の海洋問題を踏まえた、グローバルな海洋の知見が示されています。しかし、海洋教育は、そうしたグローバルな海洋の知見を踏まえつつも、それぞれの地域に根ざして行われるものです。どのような知見・技能についてであれ、学びは、自分に身近なこと、かかわることから始まるからです。したがって、日本の海洋教育を進めるためには、何よりもまず、日本の歴史・文化に即した「日本からの海洋リテラシー」を構想していく必要があります。

　日本からの海洋リテラシーの内容は、グローバルな海洋リテラシーを構成する海洋科学の知見だけでなく、日本に固有な海洋にかんする自然科学的な知見、そして海・自然についての広い意味のHumanities（人文知）という知見をふくんでいます。たとえば、それぞれの環境をいかした水産業、

どこにでも見られる森・川・海の循環、各地域で固有なかたちで行われている海にまつわる祭祀・芸能、そして日本にかぎらず、言葉・形象に支えられながら、さまざまな文化にみられる海にかかわる文学や音楽・美術などです。

「日本からの」という言葉には「日本に固有なもの」という意味だけではなく「人文知をふくむ」という意味もふくまれています。ここでいう「人文知」は、通念とすこし異なり、自然に対する倫理的スタンスに貫かれた知見を指しています。それは、自然と人間のつながりに基礎づけられた、人間の自然への気遣いとして現れる、自然とともに生きるという態度です。この自然との共生という倫理的態度は、客観的事実に還元されるまえの、私たちが抱いている自然に対する感覚・感性にすでにふくまれています。感覚・感性から自然を直観し表現すること（したもの）が、ここでいう「人文知」です。

海洋教育は、一言でいえば、こうした自然とともに生きるという理念に基づき、海洋リテラシーを学びあい、探究していく、実践的で活動的な営みです。私は、海洋リテラシーという概念によって、海洋教育の意味はいっそう豊かなものになり、そこで生まれる学びや経験は「海洋と人類の共生」に向けた歩みをより確かなものにする、と考えています。

東京大学大学院教育学研究科附属海洋教育センター　センター長　田中智志

海洋教育・海洋リテラシーに
かんする提案

　日本の海洋教育推進に向けて、海洋教育の理念と4つの基礎、日本型の海洋リテラシーの8つの基本原則、および基本原則を構成する内容（一部）を提案する。海洋教育の理念と4つの基礎は、海洋基本法と、それに基づき作成された海洋教育のグランドデザインを踏まえて作成したものである。海洋リテラシーの8つの基本原則と構成する内容は、UNESCO-IOC によるOcean Literacy をベースに、海洋基本法および海洋教育のグランドデザインを踏まえて作成したものである。いずれにおいても、全国で行われている海洋教育の実践の成果を反映している。ここに提案するものは、海洋教育、海洋リテラシーのありかたを探究していくための土台であり、海洋教育の実践や研究を通して批判的に検討、改善されていくものである。海洋教育、海洋リテラシーの議論を積み重ね、よりよい実践を推進することにより、海洋と人類との共生をなんども実現していくために提案するものである。

海洋教育

　海洋教育とは、海との共生を基礎理念とする海洋にかんする教育である。海とは、内海（marine）とともに外洋（ocean）を意味する。海洋教育とは、たんに海洋についての知見を伝授することではなく、教える者と学ぶ者とが人が海とともに生きるために必要な海洋リテラシーをともに学びあい、人が人として海とともに生きるとはどういうことか、と問い、探究する営みである。海洋教育が目指すのは、海と人とが共生していく社会の実現である。

＜海洋教育の理念＞

　海とともに生きる（海洋と人類との共生）

＜海洋教育の4つの基礎＞

海洋教育は人にとっての海の存在の意味を基礎に行われる。

・海は生命の源である

・海は地球環境を支えている

・海は人間社会を支えている

・海は人がともに生きる存在である

日本型の海洋リテラシー原案（ver.1）

　日本型の海洋リテラシーは、地球における海の機能とともに、海と私たちとの相互関係について理解し、海洋にかんする知見を活用し創出しながら、海洋と人類の共生に向けて責任ある活動を行う能力のことである。

　海洋リテラシーは、「知見」「コミュニケーション」「意思決定」という3つの要素から構成される。「知見」とは、海洋に関する見識・知識・技能の総称である。コミュニケーションとは、海洋にかんする課題の解決や、海洋の持続可能性のために、異文化を超えて対話ができることである。意思決定とは、海洋と人類の共生を達成するために、責任をもって最善のものを導き出そうとする活動のことである。海洋リテラシーは、3つの要素の繰り返しの往還により生成されるものである。海洋リテラシーは、あらゆる教育段階を通して人々に育まれるものである

とともに、そのことを通じて海洋リテラシーの高い社会を形成することが目指される。海洋教育は、海洋に基づく教育／学びであり（Ocean-based Education/Learning）、海洋リテラシーを伝達し生成する営みである。

＜海洋リテラシーの8つの基本原則＞
　日本型の海洋リテラシーは、海洋にかんする知見を示す8つの基本原則を持つ。

1　海はあらゆる生命を支え、人の想像力と感受性に大きな影響を与えている
2　海は人の健康と幸福と分かちがたい関係にある
3　日本は特徴が異なる4つの海に囲まれている
4　海が気候・風土に大きな影響を与えている
5　海とそこに生きる生物が、人の生活を支え、文化・産業を育んでいる
6　海は恵みと脅威をもたらし、それぞれの地域に固有な自然観と、
**　　自然との共生の知恵を育んでいる**
7　海は世界とつながっている
8　海の可能性は探究されるものである

＜海洋リテラシーの8つの基本原則＞を構成する内容案一例
1　海はあらゆる生命を支え、人の想像力と感受性に大きな影響を与えている
　・海は地球上のすべての生命を生存可能にしている
　・海は人為を越える存在として人の情感を刺激し、
　　また人の思考を豊かにしている

2 海は人の健康と幸福と分かちがたい関係にある

・海は生活排水やゴミの捨て方などが，海辺の生き物や海洋環境に影響を与えている

・人間は海洋汚染によって公害などの社会問題を引き起こしてきた

3 日本は特徴が異なる4つの海に囲まれている

・漂流物・漂着物は，海流や海風などの自然現象に関係している

・海流や海底の地形によって、豊かな漁場が形成されている

4 海が、気候・風土に大きな影響を与えている

・海流や水温の変化が気候と深く関係している

・水は状態を変えながら山，川，海，空を循環している

・山から川，海へと水が流れることで土砂や養分などが運ばれている

5 海とそこに生きる生物が、生活を支え、文化・産業を育んでいる

・生き物は、その周辺の環境とかかわって生きている

・生き物は，砂浜，磯，珊瑚礁などの地形の違いや，
　海の深さなどの環境に応じて生きている

・漁業が国民の食生活を支えている

・海には生産や販売にかんする仕事があり、自分たちの生活を支えている

**6 海がもたらす恵みと脅威が、それぞれの地域に固有な自然観と、
自然との共生の知恵を育んでいる**

・それぞれの地域は、海にかんする祭祀、行事、民話や民謡などの
　固有な文化を受け継いできた
・人びとは、津波や高潮などの自然災害から暮らしを守るために努力し、
　知恵を培ってきた
・人びとは、海洋資源を活用しつつ海洋環境を保全するための
　工夫や努力を図ってきた

7　海は世界とつながっている

・日本の国土の特徴や近隣の国の活動，海洋上での活動とは関係がある
・海辺の人々の生活や産業は、海を介して国内の他地域や外国と
　かかわっている
・海上運輸は物を大量に安く運ぶことができる
・海を通じて海洋ごみが漂着し、日本から出たごみも地球上を流れている

8　海の可能性は探究されるものである

・海の魅力を生かしたまちづくりが行われている
・海上風力・波力・温度差を利用した発電が考えられている
・メタンハイドレートやレアメタルなどの鉱物資源の特色を生かした
　産業への利用が考えられている

2022年2月　原案作成：海洋リテラシー研究会

1

海と人の共生のためのリテラシー

01　海が死ねば、私たちも死ぬ

　地球の表面の70％を占める海は、地球環境を支える大きな存在です。海は全生物中のおよそ80％が生息し、大気中の酸素の半分を生成し、排出される二酸化炭素の少なくとも4分の1を吸収し、排出される熱の90％を吸収する役割を果たしています。地球の海洋環境は、人間を含むすべての生物に必要な生態系サービスと資源を提供しており、この青い惑星に生息する多様な生物を支える上で重要にして不可欠です。

　しかし、今日、人間の活動によって、大いなる存在である海は変化しています。海水温の上昇、大量のCO_2を吸収したことによる海洋の酸性化、海洋生物の乱獲による多様性の損失と生態系の変化、海洋ゴミの蔓延。海

の変化や破壊、汚染の増加は、私たちの生活を危険にさらし、人類を脅かすほどにまでなっています。「海が死ねば、私たちも死ぬ」。私たちの未来と海の状態は一体なのです。そうでありながら、海洋環境の問題が私たちの生活に直接影響を与えているということ、そして、海は私たちが生きていく基礎であるということに意識が向けられていません。

　海洋環境の問題の解決は、私たちの生存を守ること。海に囲まれた島である日本において、このことについて学ぶことはほとんどありません。学校教育に目を向けると、過去には海について総合的に学ぶ時間が設けられていたこともありますが、現状においては失われています。学校で教えることの目標や内容については、文部科学省が発行する「学習指導要領」において定められており、指導要領

においては、海に関する内容として、水産業や領海などが定められてはいるものの、一面的な内容となっています。地球における海の役割や、海がおかれている状況について学ぶ内容は定められていません。海と私たちとの深いつながりについて学ぶ機会は用意されていないのです。

このことは日本に限ったことではなく、海について学び、海について理解を育む機会は、世界的にも十分とは言えない状況にあります。海は地球環境全体を支えているのにもかかわらず、世界的に海についての理解を育んできませんでした。そのような現状に対して、国際的な取り組みが始まっています。その際のキーワードとなるのが「海洋リテラシー（Ocean Literacy）」です。海洋リテラシーは、「海が私たちに与える影響と、私たちが海に与える影響を理解すること」と定義されるもので、海に関して責任ある意思決定ができるようになることを目指して作成されています。個人が海洋環境問題の解決策についての議論に思慮深く参加するために身につける必要があるものとされます。海洋リテラシーは、海洋に関する教育を実施する際の指針を示すものであり、世界各国で広がり始めています。

02　アメリカ発のOcean Literacy

「海洋リテラシー」は、2002年にアメリカで始まった運動に起源をもちます[1]。そのきっかけとなったのは、初等・中等教育の科学教育のガイドラインとなる全米科学教育スタンダード（National Science Education Standards）において、海洋に関する内容が十分ではないという問題意識です。海洋の重要性に対する市民の認識がそもそも低いという状況にあるにもかかわらず、高校卒業の年齢までに海洋科学についてほとんど学ぶことがないのであれば、認識が向上することはないだろうという懸念に起因します。その状況を変革するために、海洋に関連する教育者や研究者、政策立案者が集まり、高校卒業までに海について何を理解すべきかが議論され、科学教育スタンダードに基づく海の学びのための枠組み作りが始まりました。2004年には、カレッジ・オブ・エクスプロレーション主催によるオンラインワークショップが開催され、その結果、2005年に「Ocean Literacy - The Essential Principles and Fundamental Concepts of Ocean Sciences for Learners of All Ages」（第1版、2013年に第2版が発行）と題したガイドからなるフレームワークを作成。ここで、Ocean Literacyの原則と呼ばれる7つの包括的な考え方と、各原則を詳しく説明する44の基本概念（2013年の改訂版では、さらに1つの概念が追加され、現在の45の概念となっている）が作られました。

アメリカの科学教育に海洋科学の内容を位置付け、市民の海洋に関する意識向上を目的に作成されたOcean Literacyですが、その後、太平洋諸国、ヨーロッパ、アジアに広まりをみせていきます。

Ocean Literacyが世界的に関心を持たれるようになった要因のひとつには、海洋に関する学びを系統立てたものにした点にあるで

---

*1）詳細については以下の書籍を参照されたい。Kostis C. Koutsopoulos, Jan H. Stel., eds., Ocean Literacy: Understanding the Ocean, Springer, 2021. 日本語で読めるものとしては、以下の論文が詳しい。小熊幸子「日本における海洋リテラシーの普及に向けて」『OPRI Perspectives』No.16、笹川平和財団海洋政策研究所、2021年。

しょう。海洋を対象とする研究が、海洋物理学や海洋化学、海洋工学など多岐に渡るように、海洋に関わる学習も様々なアプローチを取ることができます。それは海洋の学習の多様さにもつながりますが、それらは個別な取り組みにとどまり、それぞれが連関し有機的な学習とはなってきませんでした。それぞれの学びを総括するような視点や全体の体系をあらわすフレームが構築されてこなかったのです。このことは、海洋に関する学習を推進する際の課題でした。Ocean Literacy は、海洋に関する学習の道筋を提案したと言えるでしょう。もうひとつの要因としては、Ocean Literacy が、学校教育に代表されるフォーマル教育とともに、水族館や博物館、NPO 団体や市民団体などのノンフォーマル教育も射程に入れていたということがあります。海洋リテラシーの推進にとって、共通の指針のもとに、学校と学校以外の教育機関や団体が役割と機能を分担しながら、それぞれが実践を進めることは重要です。しかし、海洋リテラシーが国際的にも展開することとなったのは、2015 年に採択された SDGs（「Sustainable Development Goals（持続可能な開発目標））であり、2021 年から開始された国連海洋科学の 10 年であり、何より近年の気候変動や海洋問題に関する意識の高まりでしょう。

　2017 年 6 月に開催された国連海洋会議において、UNESCO からの自主的取り組みとして「万人のための海洋リテラシー——海洋の保全、復元、持続可能な利用の認識を高めるグローバル戦略」が提出されました。成果文書 "Call for Action" では、SDG14「海の豊か

さを守ろう：海洋と海洋資源を持続可能な開発に向けて保全し、持続可能な形で利用する」の達成に向けて、健全な海の生態系を維持するために、海に対する気づきを強めていくこと、そして海洋の保護・回復・持続可能な利用と海洋リテラシーの普及のための教育の促進が記されました。2017 年 12 月には、海洋リテラシーに関する国際会議が UNESCO 欧州委員会により開催されます。ここで発表されたのが、"Ocean Literacy for All – A toolkit"[2]（以下 "OLforAll"）であり、2021 年からの国連海洋科学の 10 年に向けた 3 年間のロードマップ案です。OLforAll は、海洋リテラシーの国際的な促進のツールとなるもので、実践を構築していく手引きとなるものです。OLforAll は、2 部構成からなっており、第 1 部が Ocean Literacy の歴史とフレームワークの説明、今後の方向性などが紹介され、第 2 部は世界各地のグッドプラクティスが紹介されています。

　海洋科学の 10 年は、国連の持続可能な開発目標、とりわけ目標 14「海の豊かさを守ろう」の達成に向けて海洋科学を強力に推進するために、ユネスコ政府間海洋学委員会（IOC）が国連総会に提案したものです。「海洋科学の 10 年」の実施計画 の中では、「私たちが望む海」を実現するための 7 つの社会的目標を定められています。その目標とは、「きれいな海」、「健全で回復力のある海」、「生産的な海」、「予測できる海」、「安全な海」、「万人に開かれた海」、「夢のある魅力的な海」です。また SDGs 達成を目指すこの計画の実現において優先される分野横断的

*2）Santoro et al. eds., Ocean Literacy for All － A Toolkit, IOC/UNESCO & UNESCO Venice Office, Paris (IOC Manuals and Guides, 80 revised in 2018), 2017.　日本語の抄訳については、以下を参照されたい。丹羽淑博・田口康大・加藤大貴・梶川萌『Ocean Literacy for All 海洋リテラシー翻訳【第一版】』東京大学大学院附属海洋教育センター発行、2020 年。

課題として、「海洋リテラシー向上を目指す活動の促進」、「能力開発に関する取り組みの充実」などが設定されています。海洋リテラシー、ひいてはその向上のための教育は「海洋科学の10年」の実施計画においても重要な位置付けを担っています。（『実施計画』UNESCO-IOC (2021). The United Nations Decade of Ocean Science for Sustainable Development (2021-2030) Implementation Plan. UNESCO, Paris (IOC Ocean Decade Series, 20.)）

03　海と人との共生のためのリテラシー

　リテラシーという言葉は、現在ではかなり広い意味で使われています。語源は、ラテン語のリテラ（littera）で、「文字」を意味します。派生した literate には「教養がある」という意味が加わり、この literate から literacy が派生したと言われます[3]。現在使われているような意味となったのは、19世紀後半のことで、公教育が制度化されていく時期です。1883年のマサチューセッツ州教育委員会発行「ニューイングランド・エデュケーション・ジャーナル（New England Education Journal）」において、学校教育で教授される「読み書き能力」という意味でリテラシーが用いられました。1930年代のアメリカでは「機能的識字/機能的リテラシー（functional literacy）」という概念が登場します。統計上では識字率は高いものの、現実には読み書きができず、日常生活を送る上で十分なレベルには至っていない人が多く現れたことから、社会的自立に必要な基礎教養という意味合いで、機能する識字という概念が提起されます。機能的リテラシーという概念は、1956年にウィリアム・グレイ（William Gray）がUNESCOで提唱したことで世界的に広まりました。UNESCO はさらに、個人が目標を達成し、知識と可能性を伸ばし、コミュニティやより広い社会に完全に参加できるようにするための連続した学習を含むものへと、リテラシー概念を拡張しました。読み書き能力のみならず、大人になって経済生活を十全に営むための職業的、技術的な知識を含むものに拡張していきます。近年の経済協力開発機構（OECD）の国際成人力調査（Programme for the International Assessment of Adult Competencies: PIAAC）でも、リテラシーを「社会に参加し、自らの目標を達成し、自らの知識と潜在能力を発展させるために、書かれたテキストを理解し、評価し、利用し、これに取り組む能力」と定義しています。キー・コンピテンシーの行動特性的な射程や、コミュニケーションのような相互行為的な射程も含み込まれました。それは「記号（対象がもつ様々な変数やその関係性）を介して現実の事象を解釈し、その事象に働きかけるための能力」と言い換えることもできるでしょう。このように、リテラシーには、「素養／教養」と「読み書き能力」の2つの意味があり、その後、機能的リテラシーという意味も付与され、現在に至っては、さらに多義的な意味にて用いられるようになっています。

---

*3）詳細については以下の書籍を参照されたい。小柳正司『リテラシーの地平 読み書き能力の教育哲学』大学教育出版、2010年。

OCEAN LITERACY

Ocean Literacy は、「海が私たちに与える影響と、私たちが海に与える影響を理解すること」と定義されるもので、ocean-literate person ＝海洋リテラシーのある人は、以下ができる人であると定義されています[4]。

・海洋に関する重要な原則と基本概念を理解している
・海洋について有意義に意見交換ができる
・海洋と海洋資源について十分な情報をもとに責任ある判断ができる

一つ目に記された、海洋に関する重要な原則は以下の通りです。

海洋に関する 7 つの重要な原則

原則 1　地球には、多様な特徴を備えた巨大な一つの海洋がある
原則 2　海洋と海洋生物が地球の特徴を形成する
原則 3　海洋は気象と気候に大きな影響を与える
原則 4　海洋が地球を生命生存可能な惑星にしている
原則 5　海洋が豊かな生物多様性と生態系を支えている
原則 6　海洋と人間は密接に結びついている
原則 7　海洋の大部分は未知である

45 の基本概念（各原則の A と B のみを抜粋）

原則 1.　地球には、多様な特徴を備えた巨大な一つの海洋がある

A. 海洋は、地球の地表面積の約 70 パーセントを占め、地球という惑星の顕著な物理的特徴となっている。地球にはひとつの海洋があり、北太平洋、南太平洋、北大西洋、南大西洋、インド洋、北極海などの多くの海洋盆がある。

B. 海洋盆は、海底と地質学的な特徴（島、海溝、中央海嶺、地溝帯）によって成り立つ。地球の地殻（岩石圏：リソスフィア）の動きによって、海洋盆の大きさ、形、特徴に違いがある。地球上で最も高い山、最も深い地溝、最も平らな平原は、すべて海の中にある。

原則 2. 海洋と海洋生物が地球の特徴を形成する

A. 多くの土質材料と地球化学的循環は、海洋に起源がある。現在の地上に露出している堆積岩の多くは、海中で形成されたものである。海洋の生命は、膨大な量の珪質岩と炭酸塩岩をなしている。

*4）National Oceanic and Atmospheric Administration (NOAA), Ocean Literacy: The Essential Principles and Fundamental Concepts of Ocean Sciences for Learners of All Ages., Washington, DC., 2020.

B. 海面の変化は、大陸棚の拡大・縮小、内海の形成・破壊、地表の形成などを経て、現在に至っている。

原則3. 海洋は気象と気候に大きな影響を与える

A. 海洋プロセスと大気プロセスの相互作用は、地球のエネルギー、水、炭素のシステムを支配することで、気象や気候をコントロールしている。

B. 海洋は、地球に届く太陽放射の多くを吸収することによって地球全体の天候を穏やかにしている。海洋と大気中の熱交換によって、水循環や、海洋・大気循環が促進される。

原則4. 海洋が地球を生命生存可能な惑星にしている

A. 大気中の酸素のほとんどは、海洋中の光合成生物の活動によってできたものである。大気中に酸素が蓄積されることが、陸上での生命の誕生と維持に必要だった。

B. 海洋は生命のゆりかごであり、生命の最古の証拠は海の中で見つかっている。今日の地球上にいる何百万種もの多様な生物は、海洋で進化した共通の祖先を持つ系統でつながりがあり、今日も進化を続けている。

原則5. 海洋が豊かな生物多様性と生態系を支えている

A. 海洋の生命には、最小の微生物から地球上最大の動物であるシロナガスクジラまで、さまざまな大きさのものがある。

B. 海洋に生息する生物やバイオマスのほとんどは微生物であり、すべての海洋食物網の基礎となっている。微生物は、海洋における最も重要な一次生産者である。微生物は非常に速い成長速度とライフサイクルを持ち、地球上の炭素と酸素の膨大な量を生産しています。

原則6. 海洋と人間は密接に結びついている

A. 海洋は、すべての人間の生活に影響を与えている。淡水を供給し（ほとんどの雨は海洋からのものである）、地球上のほぼすべての酸素を供給する。海洋は地球の気候を調整し、天候や人間の健康にも影響を及ぼす。

B. 海洋は、食物、医薬品、鉱物、エネルギー資源を供給する。海洋は雇用や国民経済を支え、物や人の輸送経路となり、国家の安全保障においても重要な役割を担う。

原則7. 海洋の大部分は未知である

A. 海は地球上で最大の未踏の地である。探査が進んでいるのは海洋全体の5パーセントに満たない。海洋は、次世代の探究者や研究者にとって大きな開拓の場であり、発見、イノベーショ

ン、調査の大きな機会となる。

B. 海洋を理解することは、単なる好奇心の問題にとどまらない。海洋のシステムとプロセスを深く理解するために、探究、研究、発見を進める必要がある。私たちの生存はそれにかかっている。

　45の基本概念は、海洋に関する知識内容と言い換えられます。特に海洋科学の知識内容となっています。しかし、海洋に関する知識イコール海洋リテラシーではありません。なぜなら、海洋リテラシーのある人というのは、海洋に関する重要な原則と基本概念を理解していることに加え、有意義に意見交換ができること、責任ある判断ができるということが要件となっているからです。海洋に関する知識を有していたとしても、それが知識に留まり、海洋のために生かされなければ、海洋リテラシーのある人とは言えないでしょう。また、海洋について意見交換をし、主体的に関わっていたとしても、それが海洋に関する知識や情報に基づいていないのであれば、それもまた海洋リテラシーのある人とは言えないでしょう。海洋に関する正しい知識や情報に基づきながら、意見交換をし、判断できる人。すなわち、海洋リテラシーとは、「知見」「コミュニケーション」「意思決定」という３つの要素から構成されるもので、海洋に関する知見（見識・知識・技能）に基づきながら、海と人との共生に向けて主体的に取り組めることと言えます。海洋リテラシーは、海洋の現実を知識として習得することだけではなく、その主体的な解釈や行動を起こすことまでを能力として包括的に捉えることで、人類がこれからも海洋と共生するために必要な能力一

般を射程に入れたものといえます。

　海洋リテラシーの原則と概念は、その始まりがアメリカの科学教育スタンダードに海洋科学の内容を入れることであったように、自然科学に重点が置かれています。もちろん、原則６「海洋と人間は密接に結びついている」に見られるように、自然科学に収まりきらない内容もあるものの、そこでは海と人間との関係についての一般的な関わりを指摘するものに留まっています。確かに、この海洋リテラシーは、緊急での対応が目指される海洋問題に対して、海洋に関する科学的知識に基づき、国際的な大きなアクションを起こしていくためには重要なツールです。しかし、よりよいアクションのためには、自然科学的な内容のみでは十分ではないでしょう。

　海洋リテラシーは、世界中に少しずつ広がっています。OLforAllでも、それぞれの国や地域の文脈に合わせて「海洋リテラシーをローカライズさせ発展させる」ことが推奨されており、地域固有のフレームが作られはじめています。日本においても、海洋リテラシーが紹介され、実践への導入が試みられてきました。しかし、いまだ海洋リテラシーという言葉が市民権を得られている状況にはありません。海洋リテラシーはどのようにローカライズされるのが望ましいのでしょうか。そもそも、海洋リテラシーを発展させること

が最善なのでしょうか。海洋リテラシー自体を意味あるものにするためにも、その成立過程や特徴などを批判的に検討することが必要になります。

海洋に関する教育のさらなる展開のためには、自然科学的な内容が必須であることは疑いないでしょう。さらに言えば、海洋教育の課題として常にあげられる「体系のなさ」に対して、海洋リテラシーの体系は、自然科学的な内容に偏りはあるとはいえ、推進の大きな手引きになるはずです。そうであるからこそ、海洋リテラシーを批判的に捉えつつ、日本型の「海洋リテラシー」を考えていかなければなりません。

04　日本の海洋教育の現状

現在、全国の様々な教育現場では海洋が学ばれています。特に沿岸部の学校では、歴史的にも海洋に関わる産業や文化が教材として取り上げられており、2011年3月11日の東日本大震災以降は特に、防災・減災的な内容も含み込んだ「海洋教育」が全国的にも促進されています。日本における海洋リテラシーのあり方を探究する前に、まずは海洋教育について概観しておきたいと思います[5]。

日本における海洋に関する教育は、長い歴史を持つものの、「海洋教育」という文言で展開されるようになったのは、2007年の海洋基本法の制定以降でしょう。海洋基本法では、「海洋と人類の共生」を理念に、第28条「海洋に関する国民の理解の増進等」として、

以下が定められました。

国は、国民が海洋についての理解と関心を深めることができるよう、学校教育及び社会教育における海洋に関する教育の推進、海洋法に関する国際連合条約その他の国際約束並びに海洋の持続可能な開発及び利用を実現するための国際的な取組に関する普及啓発、海洋に関するレクリエーションの普及等のために必要な措置を講ずるものとする。

2　国は、海洋に関する政策課題に的確に対応するために必要な知識及び能力を有する人材の育成を図るため、大学等において学際的な教育及び研究が推進されるよう必要な措置を講ずるよう努めるものとする。

ひとつめが海洋教育の推進であり、ふたつめは海洋に関する知識や能力を有した専門性ある人材育成です。この海洋基本法を根拠法として、海洋教育は展開されてきました。海洋基本法を受けて、2008年に第一期海洋基本計画、2013年に第二期計画、2018年に第三期計画が策定され、その中で海洋教育の推進も方針と定められています。ですが、これらの計画は、学校教育にそれほどの影響を持ってこなかったのが実情です。学校教育や社会教育に影響がある教育政策として位置付けられてこなかったからです。特に、初等教育および中等教育の教育課程の基準である学習指導要領においては、海洋に関する教育内容の記述が増やされるといったことはなされ

---

*5）海洋教育の実践については以下の書籍を参照されたい。東京大学海洋アライアンス海洋教育促進研究センター編『新学習指導要領時代の海洋教育スタイルブック－地域と学校をつなぐ実践』小学館、2019年。

てきませんでした。しかし、今日において少しずつ状況が変化してきました。現行の学習指導要領ではじめて「海洋に関する教育」が明記されたからです。小学校および中学校の『学習指導要領解説編』において、「現代的な諸課題に関する教科等横断的な教育内容についての参考資料」として「海洋に関する教育」が記されています。そこでは『学習指導要領総則』第2に示されている「教科等横断的な視点に立った資質・能力の育成」と、第3に示されている「主体的・対話的で深い学びの実現に向けた授業改善」を達成するためのものとして海洋教育が位置づけられてます。ただし、解説編で記載されている海洋の内容は国土に関することが中心であり、領土・領海に偏りがあることに加え、各教科における海洋に関する内容も十分ではありません。学習

指導要領上で定められた各教科の海に関する学習内容を単に横断させるだけでは、学びは深いものにはならないでしょう。

次に、海洋教育の具体的な実践に目を向けてみます。初等教育における海洋教育の実践はかなり多様です。環境、漁業・水産業、海運・港湾、災害・防災、海洋の仕組み、歴史、暮らし、仕事、スポーツ、エネルギーなど、かなり多様なテーマで取り組まれています。これらは、教科の中で学ばれてもいますが、多くの場合、総合的な学習の時間で取り組まれます。海洋教育は、海洋を軸にした総合的な学習として展開されることが多く、その中でも、文化や産業、環境、防災が主要テーマです。海洋教育の学習発表や実践報告などを見ても、初等教育においては自然科学的な内容はそれほど多くはありません。沿岸

東京大学大学院教育学研究
海洋教育センター 副セン
大学院理学系研究科 教授
茅根 創

部に近い学校ではローカルな海に根ざした学習が多く、そうではない学校では海洋ゴミや地球温暖化などのグローバルな海洋問題についての学習と、大きく二つの方向に大別されます。世界的に海洋に関わる問題の解決が目指されるようになり、近年では、学校の地理的条件にかかわらず、海洋教育に取り組む例が増加しています。高校になると、ローカル、グローバルに関わらず海洋に関わる課題解決に向けた学習と、海洋生物や海洋物理など高度な海洋科学的な研究が主流となります。

　日本の海洋教育は必ずしも自然科学的な内容に特化しているわけではありませんし、初等教育段階においてはむしろ中心的ではありません。日本の海洋教育は、海に関する自然科学的な知見を学ぶことに留まってはいないのです。あらためて、海洋教育は何を目指す

ものなのでしょうか。海洋基本法に基づけば、「海洋と人類の共生」という理念を実現するものと言えるでしょう。それでは海洋と人類の共生とは一体どういうものなのでしょうか。日本型海洋リテラシーを考えるに先立ち、あらためて海洋教育の理念について考えたいと思います。

海の探究活動

　全国各地で児童生徒による探究活動が行われている。その取り組みは学校や地域という枠組みをこえて広がりを見せ、研究機関や企業、自治体と協同し、課題解決に挑む児童生徒たちもあらわれはじめている。海洋問題の多くは短期間で解決できるような問題ではないため、継続的に取り組むための仕組みづくりが課題にもなっている。

海洋文化と防災

日本の文化を支えてきた水産業や漁業をテーマとする海洋教育が各地域で行われていることは、日本の海洋教育の特徴のひとつだろう。衰退し続けている水産業の担い手育成の問題を地域課題として取り上げる学校もある。また、2011年の東日本大震災以降は防災的な内容も充実しており、その一環で日々の生活に着目する実践も増えている。

2

日本型海洋リテラシーのビジョン

01 日本の海洋教育の理念 ——人間と自然の共生へ

海洋教育の課題

　現在、私たちの多くは、地球的規模の温暖化という大きな危機に直面し、地球環境を保全しなければならないと考えています。そして、地球の豊穣さを維持し、自然の限界内ですべての人びとの心豊かな生存を確保するために、みずから学び行動することを求めています。人類の生存が、海洋と密接に関係していることを考えるなら、海洋の保護こそが、私たちが直面している主要な地球的規模の課題です。また、そうであるなら、私たちは、今や、新しいタイプの海洋教育を必要としている、ということができます。それは、端的

にいえば、海洋リテラシーの拡充・活用によって、私たちの社会と経済をより自然環境に優しく、そしてより持続可能なものに変えていく、新しい海洋教育です。

　この新しい海洋教育は、国家・文化・宗教などの違いを越えて、地球温暖化への対処策、持続可能な試みを共有しなければなりません。いいかえれば、私たちは、さまざまな国や地域で行われている海洋教育を理解し、共通する課題を確認し、地球の未来を開くために、協働していく必要があります。この新しい海洋教育は、何らかの利益を得るための教育ではなく、人が人として生きるための教育です。人として自然にどのようにかかわるべきか、とたえず問いながら、試行し展開されていく教育です。この新しい海洋教育を支えるものとして、次に、「共生」という理念を

提案します。

海洋教育を支える理念

「海洋教育とは何か」。この問いに対して、現在のところ、確定された一つの答えが示されているとはいえません。なるほど、これまでにも、海にかんするさまざまな知識を教える、海でさまざまな体験活動をする、海の生態系を学び、環境の保全を考える、海にかかわる災害やその対策（防災）について学ぶ、など、海洋教育を構成する要素は、さまざまに考えられています。しかし、そうした要素を集め、「単元」として再構成するだけでは、海洋教育といえないのではないでしょうか。海洋教育を考え行うためには、まずもって「海洋教育は何をめざすのか」、すなわち「海洋教育の理念」（[Transcendental] Idea of Ocean Education）を考えなければならないでしょう。

実践としての海洋教育の基礎を定めることによって、海洋教育の諸要素（リテラシー、アクティビティ）を整序するとともに、海洋教育に教育学的基礎を組み込むことができます。いいかえれば、海洋教育の基礎を定めることによって、海洋教育をつうじて人が人として生きることの「素地」（foundation）を示すことができます。

したがって、ここでいう理念は、たんなる「アイデア」ではなく、海洋のリテラシーとアクティビティを支え方向づける基礎概念（foundamental conception）です。ただし、この理念は、いわゆる「理想」（アイデアルなもの）ではありません。理想は、めざされる状態ですが、ここでいう理念は、この理想を可能にする前提命題です。

人間／自然の関係

ここでいう海洋教育の理念の出発点は、私たちの自然な心情（natural affection）です。それは、たとえば、日本で数年前から話題になり対策がとられてきた「海ゴミ」を、まさに「問題」として感じるという、私たちの心情です。それは、海ゴミが人体に及ぼす悪影響を懸念するまえに、海が汚染されていることへの自然な嫌悪感につながっています。この自然な心情を生みだしているものは、いったい何なのでしょうか。一つの考え方として、それは、人と他の生き物のつながり、つまるところ「自然とのつながり」（affectionate bond of human/nature）である、と考えてみたいと思います。このつながりは、人の「いのち」が他の生きものの「いのち」——たとえば、魚であれ、珊瑚であれ、イヌであれ、ネコであれ——と「交感する」（sympathise）ことです。

300 年近く前の哲学者の言葉が思い出されます。イギリスの哲学者ヒューム（David Hume）は、1739 年に『人間の自然論』（*A Treatise of Human Nature*）において「人間の自然」（human nature）の本質は「交感」（sympathy）である、と述べています。ヒュームのいう「交感」は、人間と人間の間に生じるつながりですが、私は、この交感を、人間と他の生きものの間にも生じるつながりに拡大してみたいと考えています。

次に、この拡大された交感としての「自

然とのつながり」を海洋教育の理念の出発点として、従来の「人間／自然の関係」(relationship of human/nature) をとらえなおしてみます。ふりかえってみると、現代の教育学は、人間／自然の関係を、人間が自然に親しむ、人間が自然を知る、人間が自然を利用する、というように考えてきました。とりわけ重視されている関係が、人間が自然を利用する、という関係ではなかったでしょうか。ここでは、こうした関係の諸様態に通底すると思われる、人間／自然の基本的な関係を示してみたいと思います。この基本的な関係を語るための基礎概念があります。それは、「生存可能性」(habitability) と「支えあい」(interdependence) です。

生存可能性と支えあい——共生へ

　ここでいう生存可能性は、すべての生きものが生存するための要件(conditions)です。すべての生きものが、生存するための自然環境を必要としている、ということは自明のことです。すべての生きものは、空気、水、食べものだけでなく、適度な温度を必要としています。こうした生存可能性を作りだしているものが、まぎれもなく海洋です。海洋は、人間だけでなく、すべての生命の生存可能性の中心である、といえるでしょう。

　2021 年に、スコットランドのグラスゴーで COP26 (The 26th session of the Conference of the Parties to the United Nations Framework Convention on Climate Change) が開催され、地球温暖化対策として「グラスゴー気候合意」(Glasgow Climate Pact) が締結されました。この会議に象徴されるように、地球温暖化は、すべての生命の生存可能性を脅かしているという意味で、もっとも重要でグローバルな問題です。この地球温暖化の端的な現れは、気象災害です。豪雨、猛暑、台風などの気象災害は、近年、世界的規模で増大しています。日本でも、この数 10 年間、多くの気象災害が発生しています。こうした気象災害の主要な原因が、海洋の温暖化です。したがって、海洋は、すべての生きものの生存可能性が維持されるために、何よりも保全されるべきものである、といえるでしょう。

　ここで考えたいことは、すべての生きものの生存可能性を維持することを可能にする、いわば、人文学的基礎です。それは、端的にいえば、人間と自然の支えあいです。この支えあいは、人間は自然と対立するのではなく、自然の一部である、ということを意味しています。この支えあいという概念は、たんなる生態学的概念ではなく、さきにふれた人間と自然のつながり、交感に裏打ちされている人文学的概念です。

　ようするに、この支えあいという人文学的概念に基礎づけられながら、すべての生きものの生存可能性を維持しようとする姿勢が、私が提案する人間／自然の基本的関係です。この基本的関係は、「共生主義」(convivialism) と形容することができます。

　この「共生主義」は、2013 年にフランスの社会哲学者アラン・カイエ(Allain Caillé)が用いた言葉です。カイエにとって、共生主義(convivilalisme)は、人と人・生きもの

が「編みあわされて生きる術」(art de vivre ensemble (convivere))の探究です。カイエはまた、この「共生主義はすべての人と人のつながりや助けあいを大切にし、対立者を容認し排斥せず、他者と大いなる自然(Nature)に専心する生き方である」と述べています。

この共生主義は、客観的尺度としての「有能性(効率性)」(efficacité)ないし「有用(功利)主義」(utilitarisme)からはっきりと区別されますが、それらと対立するものではありません。共生主義は、有用主義を方向づけるベクトルです。ともあれ、生存可能性と支えあいを基礎概念とした、自然と人間の共生、これが、私が提案する海洋教育の理念です。

02 海洋リテラシーのビジョン

海洋リテラシーと探究学習

こうした海洋教育の理念を踏まえて、次に、いくらか具体的に海洋リテラシーのビジョンを示してみます。ここでいう「海洋リテラシー」は、海洋にかんする知見(見識・知識・技能)の総称であるだけでなく、その知見をあらたに創出したり活用したりする能力もふくんでいます。教育実践に即していえば、海洋についての探究学習は、こうした海洋リテラシーの形成にもっとも適している学習形態です。

ここでいう探究学習は、子どもたちの「探究する」という営みを中心とした学習形態です。探究は、さまざまな知識・情報をもとに、

自分で「問い」を立て、その方向に沿いつつ、さらに知識・情報を集めて、一つの「答え」を示すことです。大切なことは、だれかから与えられた「問い」であっても、それを自分自身が考えるべき「問い」として納得して引き受けるなら、それは「自分で問いを立てる」ことになる、ということです。

探究の基本である「探究心」は「なぜ?」「どうして?」という素朴な疑問から出発し、ものごとの成り立ち・因果関係を考えることです。たとえば、イギリスの哲学者ロック(John Locke)は、1690年の『教育論』において、子どもの「好奇心」(curiosity)は、確かな知識を求める「探究心」(inquisitiveness)、すなわち「判断」と「理解」に支えられた理性的な営みに通じている、と述べています。

生存可能性の基礎としての海洋

海洋教育が重要である理由は、先にふれたように、海洋が私たちの生存(生活)を支えている基礎であるということです。現在進行中の地球温暖化は、私たちだけでなく、多くの生きものの生存可能性を脅かしています。たとえば、北極のシロクマは、氷の融解が進み、生きる場所を奪われていますし、インドの野生のトラは、繰りかえされる豪雨によって草原が水没し、やはり生きる場所を奪われています。また、海洋においては、デッドゾーン(生きものの生息できない場所)が、さまざまな場所で拡大しています。

こうした地球温暖化の核心に海洋が位置していることは、十分に知られていないようです。たとえば、もしも海がなかったなら、こ

の40年間に地球全体の気温は37度上昇しているはずです。それは、たとえば、30度の夏の気温が67度になってしまうということです。そうなってしまえば、人間をふくめ、多くの生きものは、生きていけなくなります。海は、人間が作りだした熱を溜めこみ、大気の温度上昇を抑制しています。

地球温暖化という問題の厄介なところは、個人の力では何もできないという諦めを生みだしてしまうことでしょう。しかも、COP26の提言を見るかぎり、二酸化炭素の排出量の大半を占めている大国の温暖化対策は、充分ではありません。それが、大量生産・大量消費・大量廃棄という現行の市場経済を抜本的に変革するものではないからです。世界各地で問題になっている海ゴミも、確かに人間の思慮不足が作りだした現実でありながらも、同時に現行の市場経済がなければ、作りだされなかっただろう現実です。

これからの海洋教育は、できるかぎり、市場経済の構造の再構築を視野に入れながら、喫緊の重大な課題としての地球温暖化に果敢に挑戦するべきです。そのために何よりも重要なことは、子どもたちの心に、海を生存可能性の基礎として〈大切にする〉というスタンスを育てていくことです。このスタンスは、価値規範に従ってそうすることではなく、心情として〈おのずから〉、また意志として〈みずから〉そうすることです。

生活・生命についての探究学習

生存可能性の基礎としての海洋は、生活・生存についての探究学習を生みだします。た

とえば、子どもたちが、自分たちが住んでいる地域の平均気温の変化を、気象庁の気象データにアクセスし調べることで、地球温暖化が自分たちの生活に密接にかかわる事実である、と理解することができます。また、海水面の上昇については、自分たちが海の近くに住んでいるなら、年配の漁業関係者に尋ねることで、具体的にわかりますし、島嶼諸国（島々からなる国家、たとえば、キリバス、ツバル）の現状を調べるなら、海水面の上昇がすでに人びとの暮らしを脅かしている、ということがよくわかります。

また、海洋汚染、海洋ゴミ（プラスティック・ゴミ）の問題は、海の生きものの生存に密接にかかわる問題ですし、海の生きものを食べている私たちの生存にもかかわる問題です。いわゆる「海ゴミ」問題は、海から離れている地域の子どもたちにとって身近な現実ではありませんが、重要なことは、どこに住んでいても、さまざまな消費活動を行うかぎり、自分たちもその問題に深くかかわっている、と知ることです。たとえば、実際に海浜に打ち寄せられたゴミを体験し、そのゴミを集め処分することは、海洋ゴミ問題を自分たちが対処するべき現実として認識することに、また海外の海洋ゴミの実情を知ることで、地球全体を俯瞰する思考を醸成することに、つながっていきます。

いわゆる「海の幸」も、人間の利益という観点からだけでなく、海の生きものの生存環境という観点からも考えることができます。たとえば、サケ（イクラ）やウニは、まさに身近な「海の幸」ですが、その生存は、海・

川・森の水の循環に支えられています。この水の循環によって、海の生きものの生存に必要なさまざまな栄養素が海に運ばれています。しかし、温暖化だけでなく、森林伐採・森林荒廃などによって、水は循環していても、海の生きものの生存にとって必要なものが供給されなくなっていきます。「海の幸」の減少という現実、いいかえれば、海の生きものにとっての不都合な現実は、こうした自然界のつながりの変化によって生じています。この眼に見えない自然界のつながりを思い描くことは、子どもたちの思考力を豊かにしますし、ものごとの見方を広げていきます。

　また、実際に海の生きものとふれあうことも、生存可能性の基礎としての海洋、そして温暖化の問題を考えることに通じています。たとえば、魚類だけでなく、哺乳類（クジラやイルカ）が生きている様子を間近に見て感じることは、思考・活動の原動力である「実在性」（reality）を経験することです。生きものがまさに生き生きと生きているという実在性は、文字・音声・映像などによっては、なかなか経験できないことです。この実在性は、海の生きものと人間の、生命としての通底性を示唆しています。

　つけ加えれば、生きものの実在性を経験することは、重要な倫理的思考を生みだします。人間は、古来、海の生きものを食べてきました。その事実は、生きものの実在性が如実に感じられるとき、ある気遣い（きづか）を生みだします。それは、食べられる生きものに感謝するという思いです。人の心は、この思いが自然に抱けるようになればなるほど、細やかになって

いきます。そして、人の心は、細やかになればなるほど、対価が得られないことは無意味である、だれかが自分に感謝するべきである、とは思わなくなります。つまり、見返りを求めない無条件の贈与が〈おのずから〉できるようになります。

人としてのリフレクション

　海と人の共生、自然と人間の共生は、海洋リテラシーがめざすところです。この共生は、あらためて創りだすものですが、同時にあらためて思いだすものでもあります。本来的に、人と海、自然は、共生していると考えられるからです。その人は、海、自然から生命を贈られ、それに与り（あずか）つつ生きていると考えられるからです。これは、実験・検証によって確かめられる客観的事実というよりも、情感・交感に支えられている詩情的意味です。

　人間は、近代以降、海、自然に操作的にかかわり、人間にとってより都合のよい環境を作りだそうとしてきました。その試みは、「進歩」「開発」という理念とともに、鼓舞されつづけてきました。しかし、その勇ましく果敢な試みは、何か大切なものを見落としてこなかったでしょうか。どんなに合理的に見えることでも、たえず自分たちのしてきたことをふりかえり吟味すること(リフレクション)は、人が人として生きるための重要な営みである、と考えます。海洋教育は、そうしたリフレクションの場でもあります。

全国海洋教育サミット

2020年2月15日に開催された第7回全国海洋教育サミット（主催：東京大学・日本財団、後援：文部科学省）では「気候変動と海洋リテラシー」をテーマにディスカッションが行われた。JAMSTEC（国立研究開発法人海洋研究開発機構）の安藤健太郎氏による海洋をめぐる国際的な展開についての紹介ののち、海洋教育を推進する教育委員会や学校の教員による実践紹介がおこなわれた。その後、気候変動問題に教育は何ができるのか、日本での海洋リテラシーの展開について議論された。

43

3

地域発の海洋リテラシー：気仙沼

01 気仙沼独自の 海洋リテラシーの背景

　宮城県気仙沼市の地域型海洋リテラシーへの取り組みは、2020年2月に始まります。

　気仙沼市は三陸沖の豊かな漁場を有し水産業・水産加工業で栄えるとともに、リアス海岸という地形のメリットを活かした養殖業でも栄えてきました。こうした地域の特色を活かし、気仙沼市の各校は、ふるさと学習や総合的な学習（2002年度〜）、そして海洋教育（2014年度〜）に取り組んできました。とりわけ2011年の東日本大震災以降は、震災によって大きな被害を受けながらも『海と生きる』という震災復興キャッチフレーズを掲げ、人々の暮らしにおいても学校においてもこのキャッチフレーズを胸に復興に取り組んでき

ました。

　2021年度12月現在、気仙沼市では4幼稚園、10小学校、6中学校が海洋教育を推進しています。多数の学校がそれぞれに独自なカリキュラムを作成・実践する中で、気仙沼市の海洋教育とは一体どのようなものかを考える機会が必要となりました。そうした状況のもと、2019年度の冬、気仙沼市はアメリカ発・UNESCOが取り入れたOcean Literacyに出逢います。それ以降、気仙沼市教育委員会と海洋教育推進各校の教員は、およそ2年の時間を費やし、「気仙沼」というまちに必要な海洋リテラシーを構想し、議論と修正を経て、気仙沼版海洋リテラシー「海洋リテラシーfor気仙沼」を作成してきました。

　以下では、その具体的な作成プロセスを確認し、「海洋リテラシーfor気仙沼」の内容・

特徴を明らかにします。

02 学校と地域の教育から 海洋リテラシーを作る

　気仙沼市で海洋リテラシー作成において中心的な役割を果たしたのは、海洋教育に取り組む各校・園の担当者が集う海洋教育推進委員会です。2020年度に新たに設置されたこの委員会は、気仙沼市の海洋教育全体の方向性を深く検討するための場となることを企図されていました。またその設置目的には、当初から「海洋リテラシー」について協議することが含まれていました。Ocean Literacy が気仙沼という地域にそのまま適用できないことや、文化・歴史といった項目がOcean Literacy に含まれていないことに鑑み、気仙沼市独自の海洋リテラシーの検討が必要であることが示唆されたためです。

　それと同時に、異なる二つの課題も生じていました。第一に、気仙沼市の海洋教育推進における課題です。気仙沼市内で海洋教育に取り組む学校数が増加するに伴って、海洋教育の実践例・活動事例が多様化してきました。多様化の中で、気仙沼市の海洋教育として「どのような力・どのようなこどもを育むのか」を改めて検討するという課題が浮かんでいました。第二に、新学習指導要領との紐付けという課題です。小学校は2020年度から、中学校は2021年度から新学習指導要領がスタートしました。そのため、新学習指導要領で目指す資質・能力とこれまで推進してきた海洋教育を結びつけ、整理する必要がありました。

　海洋リテラシーを地域で作成するという課題は、Ocean Literacy の普及という世界の潮流をベースにしたものです。そこには同時に、新学習指導要領が示す新しい資質・能力との整合という日本的な課題、気仙沼市の海洋教育の多様性を整理し深めるという地域的な課題にも応えるというミッションが、一体的に含まれていました。

①海洋リテラシー作成の最初のプロセス

　気仙沼市では、まず初めに海洋教育推進校の実践の情報を年間指導計画等から拾い集め、整理しました。そこから独自のカテゴリーを暫定的に作成しました。このカテゴリーは各校の実践がどのような主題や内容を扱っているのかを俯瞰することで浮かんできたものであり、翻って、各カテゴリーは各校の実践の内容と結びついています。さらにこうした暫定のカテゴリーがOcean Literacy の各原則といかに紐づいているかも、教育委員会の担当者によって整理がなされました。

「海洋リテラシーfor気仙沼」試案
（気仙沼市教育委員会、2020年7月作成）

A.海となかよし（親しむ）
　海浜遊び、海の生き物との触れ合いなどの体験活動
　【自然としての海（関連：Ocean Literacy の原則1・2）】
B:海の恵み（知る）

環境と生命のつながり、海の生態系と循環、食などについての学習活動

【多様性を育む海（関連：Ocean Literacyの原則4・5)】

C. 海の仕組み（知る）

地形と海域、地球と海流、大気と海洋、気候変動、防災・減災などについての学習活動

【影響を与える海（関連：Ocean Literacyの原則1・2・3)】

D. 海を生かす（利用する）

養殖や漁業、水産加工、海事、観光、ものづくり、海洋調査などについての学習活動

【生活（社会・経済）を支える海（関連：Ocean Literacyの原則6・7)】

E. 海を支える（守る）

海（森・川）の保全活動、水産資源の管理、国際協調、海洋文化・遺産の継承などについての学習活動

【守り、伝える海（関連：Ocean Literacyの原則4・5・6)】

F. 海とまちづくり（共生）

復興と創造、「海と生きる」地域づくり・人づくり、持続可能な海と気仙沼の未来についての行動・発信活動

【共に生きる海（関連：Ocean Literacyの原則1・3・5・6)】

その後、この暫定的なカテゴリーは、海洋リテラシーとしてではなく市が同時に作成していた海洋教育副読本と併せて検討されました。具体的には、副読本の章タイトルとしてカテゴリーを仮置きし、児童生徒に学ばせたい知識内容や活動のねらいを副読本の各章ごとに見直し、そこから章タイトルとしてのカテゴリーがさらに修正されるという流れです。

「海洋リテラシーfor気仙沼」
（気仙沼市教育委員会、2021年度）

A 　海と出会い、なかよくなる

B 　海の恵みを知る

C 　海の仕組みを知る

D 　海を生かす

E 　海と生きる文化を重ね、伝える

F 　海と生きるまちをつくる

「海洋リテラシーfor気仙沼」2021年度版より、原則のみ抜粋。なお2021年度版は気仙沼市のウェブサイト（https://www.kesennuma.miyagi.jp/edu/s162/kaiyouedu.html）にて公開されている。

当初の暫定的カテゴリーと完成した気仙沼の海洋リテラシーの原則と比較すると、特に大きな修正点は2つあります。第一に、全てのカテゴリーを文章に揃えました。文章化することで、リテラシーという観点で「何を・どうする」が明確になりました。第二に、過去・現在・未来という時系列で整理が進みました。AからDは比較的無時間的なものですが、Eは過去の歴史や文化の蓄積を焦点化し、Fは現在と未来を考える視点を求めています。これら6つの原則をもとに、26の小さな項目と前文が追加されましたが、その詳細は後に譲ります。

以上のように、気仙沼の海洋リテラシーは、まず大きな原則が副読本の章タイトルとして検討され、各原則の射程も副読本各章の内容として具体化されてきました。このために、気仙沼の海洋リテラシーは海洋教育に取り組む気仙沼市立各校・園の実践を網羅的に反映しつつ、時間的な流れを持って整理しなおしたものになっています。

②「なぜこの地域に海洋リテラシーが
必要か」──教員の視点の深まり

気仙沼の海洋リテラシー作成は、大きな原則が固まった段階で、海洋教育推進委員会（以下、推進委員会）で各校の海洋教育担当教員による検討作業へと進みました。推進委員会は海洋リテラシー作成を市の海洋教育推進校の取り組みを学校・教員が整理する機会と捉え、再び各校の実践がこの新しいカテゴリーにどう当てはまるのかを整理しました。ここには、海洋教育副読本と海洋リテラシーが一

体的なものとして準備されていることも考慮し、海洋教育副読本と各校の実践が乖離することを事前に避ける意図もありました。

こうした整理をする中で、推進委員会に集まった海洋教育推進校の教員たちが「海洋教育とは何か」「何をどう学ばせるべきなのか」という悩みを共通して持っていることが明らかとなりました。そのためこうしたカテゴライズの作業は、推進委員会として「海洋リテラシーとは何か」を考えるきっかけでもありました。

とりわけ議論の焦点となったのは、海洋教育の四つのコンセプト[*1]、すなわち「海に親しむ」「海を知る」「海を守る」「海を利用する」と新たな海洋リテラシーの原則との関わりです。気仙沼市で海洋教育に取り組む各校にとって、それまで4つのコンセプトは学習の目標であり、海洋教育を通じて育成を目指す資質・能力でした。しかし気仙沼の海洋リテラシーとして6つの原則を作成したことで、気仙沼市は「海洋教育のコンセプトの先を考える」ことに進んだと言えます。

例えば「海に親しみました」で終わってしまうと、海に親しむことで子どもにどのような姿を求めるのかが曖昧でした。しかし海洋リテラシーの原則が形になったことで、海に親しんだ先に「もっと海を大事にしていこう」、「もっと海で生き物と触れ合おう」、あるいは「基幹産業のほうに興味を持って調べよう」など、どのような方向に学びを伸ばし、どのような力を子どもに身につけさせるのかを具体的に検討することが可能となりました。

*1）海洋政策研究財団「21世紀の海洋教育に関するグランドデザイン（小学校編）〜海洋教育に関するカリキュラムと単元計画」（2009年、改訂版＝2015年）

同時に、海洋リテラシーにおける「リテラシー」とはいかなる概念かも検討されました。小熊（2021）は、UNESCOがリテラシー概念を拡充して「目標を達成し、知識や能力・可能性を開発し、コミュニティーやより広い社会に充分に参加していくことを可能にする連続的な学び」としたこと、そして海洋教育と海洋リテラシーもこうしたより広いリテラシー概念の中にあると整理しています[*2]。こうした調査も進めながら、推進委員会は、海洋リテラシーにはOECDが示したキー・コンピテンシーの行動特性的な射程や、コミュニケーションのような相互行為的な射程も含まれて良いはずだと考え始めました。

より広義のリテラシー概念を採用することは、気仙沼市の海洋リテラシーが地域に根ざしたものとなるためにも必要でした。前述したように、気仙沼の海洋リテラシーはOcean Literacyを参照していますが、推進委員会はこれが気仙沼にフィットするかは疑問だと感じていました。Ocean Literacyにおいては自然科学的視点が前面に出ており、資源としての海、つまり「海を管理し、万人の海として守る必要がある」という発想が強い、と推進委員会は分析しました。

このため、Ocean Literacyは誰が聞いても納得する一般化された内容と言えますが、一方で、一般の人が当事者意識を持つことが難しいのではないかとも指摘されました。こうした検討を踏まえ推進委員会は、あくまで気仙沼の教員や子どもの目線を取り入れた海洋リテラシーを作成することを追求していきました。

03 地域型海洋リテラシーの根拠は地域のアイデンティティ

「海洋リテラシーfor気仙沼」は、①前文、②原則と小さな項目、という大きく2つの部分から構成されています。②は海洋リテラシーの具体的な中身に相当しますが、何故それ以外に前文というものが必要だったのでしょうか。気仙沼の地域に根ざし、教員・大人や子どもの感覚に即した海洋リテラシーを作成するために、推進委員会は「なぜ気仙沼で海洋リテラシーなのか」という問いへと進みました。そうした議論を経て出来上がったのが前文です。

「海洋リテラシーfor気仙沼」（気仙沼市教育委員会、2021年度）より、前文冒頭のみ抜粋

「気仙沼で育つ子どもたち、気仙沼で生きる人々、そして気仙沼の未来をつくる人々。気仙沼の様々な人々の根底には、昔も今も変わらず「海と生きる」という揺るぎないアイデンティティがあります。「海と生きる」というアイデンティティは、自覚的に意識する・しないに関わらず、年齢、立場、職業、性別などの様々な違いを超えて、気仙沼の一人一人の中に存在しています。

2011年の東日本大震災を経て、気仙沼の人々は「海と生きる」というキャッチフレーズを復旧・復興のために掲げました。この短いキャッチフレーズは、これまでずっと気仙沼の人々の中にあった共通のアイデンティティを言葉にしたものです。そこには気仙沼の豊かな未来を描き、持続可能なまちづくりと人

*2)小熊幸子「日本における海洋リテラシーの普及に向けて」『海の論考 OPRI Perspectives』vol.16, 2021年（https://www.spf.org/opri/news/20210203.html）

づくりに向かおうという決意が込められています。私たちは、どのように「海と生きる」ことができるのでしょうか。この問いに対する答えはいくつもあるはずです。海洋リテラシーfor気仙沼は、これらの問いへの一つの応答であるとともに、これからも問いを考えるための足がかりとなるものです。」

前文冒頭にあるように、気仙沼の海洋リテラシーの根底には、震災復興キャッチフレーズである『海と生きる』があります。これは、気仙沼の人々の生き方やアイデンティティを言葉にしたものです。こうした無形で不可視な部分こそが気仙沼の『海と生きる』の中核にありますが、これは同時に、気仙沼の海洋リテラシーに取り入れる必要がある要素です。Ocean Literacyでは7つある原則の6番目[*3]に人間への言及がありますが、そこには人の生き様や地域に根づく文化、人々が培ってきた考え方や思想などは含まれていません。そのため推進委員会はこのキャッチフレーズによって海洋リテラシー全体を説明する前文を設定しました。

こうした感覚は、震災以降も子どもに海に出合せ、学ばせることに試行錯誤して取り組んできた学校・教員の経験とも一致しています。東日本大震災後に、海によってまちも自分の人生も大きな打撃を受け、明日、明後日、どうして行けば良いんだろうと呆然とする状況に陥ったという語りも、推進委員会では聞かれました。しかしまたそこから立ち直っていく術というのも実は海だったと言います。

より広い視野で振り返れば、気仙沼人のものの見方や考え方、受け継がれている種々の文化は震災以前からすべからく「海」を介して意味づけられており、それが鮮明になったのが震災と復興の経験だったと捉えるメンバーもいます。

「気仙沼の人たちにとっての"海"は、どんなに震災で傷ついても生きることそのものだと、子どもたちに伝えていきたい」。気仙沼で生き、教える教員としてのこうした思いをもとに、推進委員会は『海と生きる』を根拠として前文に取り入れました。『海と生きる』という感覚・考え方は、復興という目的に限ったものではなく、気仙沼という地域で共有されているからこそ、根拠となりうるものです。地域のアイデンティティが抜け落ちた地域版海洋リテラシーは、地元の教員たちが自分たちのものとみなして教えることが難しい可能性があります。地域版海洋リテラシーを教えるにはその根拠となる思い・願いが必要だ、という感覚を共有することで、推進委員会はその根拠を前文へ表現したと言えるでしょう。

04 小さな項目を具体化する

このようにして出来上がった「海洋リテラシーfor気仙沼」は、前文の後に6つの大きな原則が示され、それらの原則のもとに26の小さな項目が立てられています。それぞれの内容はこれから見る通りですが、ここには地域の海洋リテラシーを検討する際の試行錯誤

*3)「海洋と人間は密接に結びついている[The ocean and humans are inextricably interconnected.]」

や視点が具体的に詰まっています。

①原則A──生涯教育的視座と
　情緒的側面の取り入れ

　発達段階の視点で整理すると、特に原則A「海と出会い、なかよくなる」は就学前〜小学校低学年の幼児・児童が対象となるという特徴があります。しかし子どもだけを対象とする原則ではなく、保護者や全ての大人にも通じています。例えば、子どもが海を楽しみ生き生きすることで、幼稚園児・小学生の保護者も一緒になって楽しみ、震災後遠ざかっていた海に再び出会うというケースも推進委員会は意識していました。さらに、大人はどんな海とどんな方法で出会うのか、という形で大人に向けて問うことも可能です。「海洋リテラシーfor気仙沼」は児童生徒だけのものではなく、地域の一般の大人の方のものとしても作成されており、原則Aはそうした生涯教育的視座を反映しています。

　また原則Aには情緒的なつながりに言及した項目bが含まれています。推進委員会のメンバーは、当初、海洋リテラシーに情緒的要素が入っても良いのかという迷いもありました。例えば、UNESCOによる認知的・社会情緒的・行動的の3つの学習目標[4]に照らして考えると、推進委員会が参照していたOcean Literacyは認知的・行動的な側面に傾いています。しかし『海と生きる』を根拠とする気仙沼の海洋リテラシーの独自性を踏まえれば、Ocean Literacyのこうした性質を踏襲する必要は必ずしもなく、気仙沼に欠かせない情緒面もバランス良く海洋リテラシーに

盛り込んで構わないだろうと方針が定まっていきました。こうした方針は原則Aに端的に表現されていますが、他の全ての原則にも該当します。

A　海と出会い、なかよくなる

a　地域の暮らしに密接なかかわりを持つ
　　気仙沼の海に触れ、実際に海を体験する。
b　暮らしと探究の基礎となる海との
　　情緒的なつながりを持つ。

---

②原則B・C・D
　──実践を３つの切り口で整理する

　続く原則B・C・Dは深くつながり合っています。原則B「海の恵みを知る」は項目cに「食」への言及があり、気仙沼ではこれを抜きに「海の恵み」を語ることはできないといいます。気仙沼市は日本でスローフード都市宣言をおこなった最初のまちであり、こうした宣言を支える食文化と、食をめぐる人々のコミュニケーションが存在しています。海の環境を考えるきっかけもまた食べ物であると、推進委員会のメンバーは考えました。例えば、地域の海で捕れる魚介類に目を向け、「なかなか捕れなくなったね」、「この漁に携わっている人が遠くの海域まで行くようになったね」、あるいは「缶詰工場の原料が変わったね」といった現在生じている変化へと自然に視点が移っていくといいます。

B　海の恵みを知る

---

*4) UNESCO『持続可能な開発目標のための教育−学習目標』(2020年)。なお"Ocean Literacy for All — A Toolkit" (Santoro et al., 2017) では、IOC-UNESCOはSDG14「海の豊かさを守ろう」のための三領域の学習目標についても提言を行なっている。

a 海が生命を育んでいることを知り、
　海を含む環境と生命との直接的・間接的な
　つながりを知る。
b 海が育む生命を知り、多様な生命の
　つながりを知る。
c 海が育む生命は、「食」を通じて、
　わたしたちの生命・健康を育み維持する
　大切な役割を担っていることを知る。
d 海が育む生命は、消費・経済活動を
　支えていることを理解する。

また「海の恵み」という抽象度の高い表現があることで、「一体どういうものが、"恵み"なんだろう」という議論が推進委員会のメンバーの間で展開されてきました。漁業・養殖業を可能にする海洋環境、そこで育まれる生命、そしてそれらを人が享受して生きているという事実が、気仙沼にとっての恵みの姿の一部だと言います。こうした「恵み」に目を向けることは、海の仕組みを知り、海にかかわる仕事を生業にする人々の生き方にも目を向けることへつながっていきます。

原則C「海の仕組みを知る」は、水産業と関わりの深い気仙沼の特性を反映し、地球温暖化による「海の温暖化」を含む海洋の変化に目を向けることを求めています。

C　海の仕組みを知る
a 地域が利用し、住み続けてきた土地の
　地理的特徴に対し、海がもたらした影響を
　理解する。

b 地域の海とつながる広い外洋の海流の
　仕組みや特徴を理解する。
c 海水の温度に目を向け、変わりゆく
　海水の状況を地球全体の熱の蓄積との
　かかわりから考える。
d 海水に溶け込むものに目を向け、
　変わりゆく海水の性質とそれがもたらす
　影響を理解する。
e 海洋に生じる様々な問題的現象を、
　自然科学的視点を踏まえて調査し
　その原因を理解する。
f 気象災害に対する海洋の変化の影響を
　理解する。
g 海が自分や社会に与える影響、
　そして自分や社会が海に与える影響を
　理解する。

気仙沼の海洋リテラシーにおける海の仕組みは抽象的な知識として、あるいは普遍的なものとして提示されてはいません。気仙沼の人々が水産業や養殖業を営みながら暮らすという文脈に置かれ、オーセンティックなものとして盛り込まれていると言えるでしょう。

D　海をいかす
a 地域が食し、利用している海の資源を知る。
b 海の資源と環境をいかし、守るために、
　倫理的な生産・消費活動を実践する。
c 地域の漁業や養殖業のあり方を知り、
　その歴史や文化、技術を尊重する。
d 地域の海との暮らしが、海と直接的に

関わらない多様な仕事によって
直接的・間接的に支えられていることを
理解する。

e 海をいかす産業を通じて、気仙沼は、
　他地域や他国の人々と、
　支え合っていることを知る。

　原則D「海をいかす」は、「海の恵み」を享受し「海の仕組み」と相互に影響しあう気仙沼の水産業を主題にしています。気仙沼の海洋リテラシーの元になった各校・園の実践ではこれらは比較的一体となって進められています。原則B・C・Dは、そうした実践を、海洋リテラシーの原則・項目として3つの切り口から整理したものと言えます。

③原則E・F
——過去に向き合い、未来を構想する

　原則Eは前述のとおり歴史・文化に主眼を置き、過去との向き合い方・過去の引き受け方を考慮しています。もちろん海とともに生きている地域は気仙沼の他にもたくさんあり、他地域と共通する文化・歴史も存在しています。しかしそれぞれの地域で受け継がれる文化にはまさにその地で生きた人々の知恵があります。そしてその文化と知恵のうちには彼らがどのような海にいかにして向き合ってきたかが表現されています。

　児童生徒や大人たちが生きる今日までの歴史に目を向けることは、今自分が生きる意味を探ることにもつながる、と推進委員会のメンバーは考えました。実際に気仙沼市の海洋

教育では地域の伝統文化の学習や語り部体験として取り入れられています。その文化に込められた願いや知恵といった無形のものに触れることは、気仙沼人としてのルーツを知りアイデンティティを確立することにつながり、ひいては地域の基幹産業や未来の気仙沼のまちづくりを考える基盤になる、と指摘するメンバーも居ました。

　神社や地蔵のような有形のもの、舞踊や地名といった象徴的な文化に託された意味を知り、それらの存在そのものに向き合うことは、世代間をつなぐ活動でもあるといいます。気仙沼市の海洋教育の取り組みは、地域の歴史・文化に触れさせ、向き合わせる取り組みを多く含みます。子どもたちが「未来に生きる人」であるからこそ、こうした過去との向き合い方・引き受け方が重要である、と表現するメンバーもいました。

E　海と生きる文化を重ね、伝える

a 地域が海との暮らしの中で受け継いできた
　文化に触れ、その多様性と有意味性を知る。
b 海が地域にもたらした災害と復興の
　歴史を知る。
c 地域の人々が災害に対応するために
　形成した文化や知恵を知り、実践する。
d 被災の歴史と記憶を受け継ぐ
　地域の活動を知り、参加する。

　原則F「海と生きるまちをつくる」は、現在から未来に目を向けるために設定されていま

す。原則Eが端的に示すように、過去の歴史・文化や現在の課題を踏まえることが、根拠を持って未来を考えるために不可欠です。そのため、原則Fは他の全ての原則と満遍なく関わるものとして最後に位置付けられました。また項目dには世界との関わりに目を向ける必要性が言及されています。そこでは、地域で閉じた海洋リテラシーにならず、また世界とのつながりが具体的に感じられ、時には問題を発見し取り組むことへつながることが求められています。

F　海と生きるまちをつくる

a　地域は固定的なものでなく、
　　人の出入りにより日々新たに
　　更新されていることを理解する。

b　市民と自治体による地域のまちづくりの
　　計画を知り、参加する方法を理解する。

c　地域の課題とその背景を知り、向き合う。

d　地域の暮らしが、海を介して
　　世界の人々の生活や、地球の現状と
　　結び付いていることを理解し、向き合う。

05　地域の海洋リテラシーをひらく

①大人のための海洋リテラシー

　「海洋リテラシーfor気仙沼」は、児童生徒に向けた内容であると同時に、地域の全ての住民に向けたものとして作成されてきました。

地域の学校の取り組みから編み上げられた海洋リテラシーですが、推進委員会のメンバーは、その内容はむしろ地域の住民の実感や大切にしてきた価値と通じる部分が大きいと考えています。気仙沼の人々にとっては、この海洋リテラシーに表現されたことはむしろ「当たり前」なのかもしれません。気仙沼の海洋リテラシーは地域の人々と共有可能であり、地域住民が学校教育に、学校教育が地域のアイデンティティに、互いに参加する際の梃子になりうるものです。

　例えば、気仙沼市の海洋教育推進校は、多くの地域住民から支援を受けながら海洋教育に取り組んでいます。地域住民は、講話等の機会で学校に出向き児童生徒に向けて話す以外にも、養殖体験や工場見学等を提供するなど、さまざまな支援を続けています。こうして学校の取り組みを支援する地域住民に「海洋リテラシーfor気仙沼」を共有することができれば、取り組みの狙いが伝わりやすくなり、より良い支援や取り組みのあり方を検討することが可能になります。地域の学校を支援し、ともに子どもたちを育てたいと考える住民たちが、教育というプロジェクトの中で学校とともに海洋リテラシーを使うことが、「海洋リテラシーfor気仙沼」がまさに気仙沼のものとなるための一つの方法なのかもしれません。

②問いを考え続ける海洋リテラシー

　「海洋リテラシーfor気仙沼」は『海と生きる』を根拠にしていますが、その生き方は1つではなく、海洋リテラシーをいかに身につけるのかにも単一の答えは想定されていませ

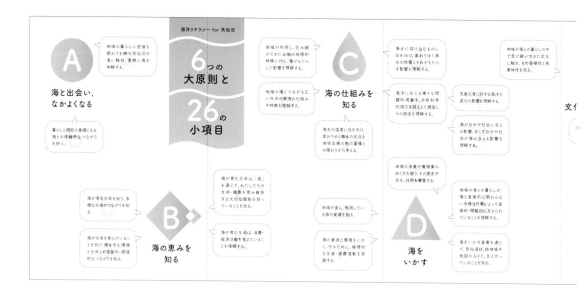

ん。『海と生きる』というキャッチフレーズに目を向けると、「なぜ海と生きるのか」「海と生きるとはどういうことか」といった大きな問いが浮かんできます。6つの原則はこうした問いへの端的な答えを示す代わりに、これらの問いを時間をかけて考えるための道標として形にされています。原則CやFのように、現在の状況や課題に目を向けることを盛り込むことで、こうした問いへの取り組みは自ずと世界とつながっていきます。

　問いを深めるためには時間が必要ですが、推進委員会は、学びはその場・その時点で完結するものではないと考えています。子どもたちが海洋教育に取り組む際にも、その時々に子どもたちが実感したことがそれぞれの意識の中に入り込むことを経て、具体的な行動に表れることもあれば、将来どこかで思い出

して役立てることもあるだろう、と言うメンバーもいます。すぐに結果を求めず、蒔かれた種がどう育っていくかを待ち、しかし待ちながらも豊かに育つような教育を提供することが必要だというのが、彼らが最終的に至った結論でした。

　そうした教育のためにも、地域の海洋リテラシー作成は有効な手立てになります。気仙沼市で海洋教育に取り組む各校・園は豊富な体験活動を取り入れており、それらと各教科との関わりを整理する際に海洋リテラシーを参照することができます。気仙沼の海洋リテラシーは市の副読本と一貫性を持っているため、こうした整理はより進むはずです。

　さらに、「海洋リテラシーfor気仙沼」が作成されたことで、かえって自然科学的な要素のあるOcean Literacyの意義や活用方法も示

「海洋リテラシーfor気仙沼」（2021年度版）より。6つの大きな原則が示され、それらの原則のもとに26の小さな項目が立てられている

唆された、と感じている推進委員会のメンバーもいます。地域の海洋リテラシーとともに、内容によってはOcean Literacyを参照することが可能です。例えば気仙沼の海洋リテラシーでも海の恵みや海の仕組みを取り上げていますが、Ocean Literacyも併せて参照することでより精緻な学びへと進むことができます。

　以上のように、地域の海洋リテラシーの可能性は引き続き検討される必要があります。また同時に、「海洋リテラシーfor気仙沼」の内容は、人々が利用する中で検討され、必要に応じて更新されていくべきものとして示されています。地域の海洋リテラシーとして気仙沼に根ざしたものとなり、またそうあり続けて行くために、「海洋リテラシーfof気仙沼」はより柔軟でひらかれたものとしてデザインされたと言えるでしょう。

［付記］

本章の内容は、2021年12月3日に気仙沼市立鹿折小学校の一室で執筆者が行ったインタビューをもとにしています。気仙沼市の海洋リテラシーの作成経緯や作成時の論点の整理に協力していただいたインタビュイーのお二人と、令和3年度の海洋教育推進委員会メンバーを以下に記し、感謝いたします。

インタビュイー
淺野亮（気仙沼市教育委員会）
菅原理恵（気仙沼市立鹿折小学校校長（当時）、令和2-3年度気仙沼市海洋教育推進委員会委員長）

令和3年度気仙沼市海洋教育推進委員会
推進委員（所属は全て当時）
大和田 侑（気仙沼市立大谷幼稚園・教諭）
鈴木 英喜（気仙沼市立唐桑小学校・主幹教諭）
佐藤 愛子（気仙沼市立階上小学校・教諭）
畠山 隆（気仙沼市立気仙沼小学校・教諭）
小野寺 信弘（気仙沼市立面瀬中学校・教諭）

海洋教育こどもサミット in 気仙沼
2016、2018

2016年から行われている海洋教育こどもサミット。2016年は気仙沼市立面瀬小学校、2018年は気仙沼市立鹿折小学校を舞台に開催された。開催校による趣向を凝らしたオープニングイベントからはじまり、参加した各学校からの実践発表が行われた。海が共通テーマでありながら、それぞれの学校ごとに特色ある実践があり、海の学びの多様性でみちあふれていた。

4

地域発の海洋リテラシー：洋野町

01　洋野町の海洋教育

　岩手県の最北に位置する洋野町は、2014年より海洋教育に取り組んでいます。海側と山側から地域が構成されていることもあり、海と山とのつながりを意識しながら地域学として海洋教育に取り組んでいます。2015年度からは教育課程特例校制度を活用して特別の教科「海洋科」を設定し、海洋教育推進のモデルを作りました。2022年度からは町内の全小中学校が教育課程特例校として、地域の豊かな海や海が作り出す環境に根ざした産業を生かした教育を進めることになっています。

　2021年度、洋野町では海洋教育の高度化と、副読本作りに取り組みました。そのために、町内の小・中学校の海洋教育担当者、教育委員会、そして洋野町と協定を締結している東京大学海洋教育センターのスタッフから構成される海洋教育推進委員会および副読本編集委員会を立ちあげ、3ヶ月に1度程度の頻度で会議を行いました。この副読本作りを通して、これまでの課題であった海洋教育の体系化に取り組みはじめています。

　きっかけとなったのは、各学校の担当者から海洋教育を系統立てていく必要性についての声が多くあがったことでした。海洋教育に取り組むにあたって、各学校では自校で取り組んできた学習内容のなかで海に関わるものを整理し、カリキュラム・マネジメントを行ってきました。三陸海岸に面している海側の学校は、その環境を生かした養殖業を教材とした学習を軸に、各教科における海に関する内容を結びつけて実施しています。畜産酪

農や木工業が盛んである山側の学校では、産業と海とのつながりを見出しながら、海洋教育として形づくってきました。たとえば、大野地区では「一人一芸」をスローガンに里づくりを行っています。このスローガンが据えられた理由には海が大きく関わっています。大野地区は寒流の親潮の上を吹き渡ってくる「やませ」が吹きすさび、冷害が多く稲作に適していない環境にあります。その環境ゆえ、出稼ぎのために街を出て行ってしまう人が多く、出稼ぎの必要性をなくし、暮らしをよくしようと提唱されたのが、「一人一芸」の考えです。海がもたらす環境のなかで、生きる知恵として「一人一芸」の考えが生まれました。また、近年では、やませがもたらす寒冷な環境を利用したほうれん草などの農作物栽培が盛んになっています。このように、山側の学校では、生活の中の海とのつながりを見出しながら海洋教育に取り組んでいます。洋野町教育委員会は、海洋教育を進めていくという大きな方針を設定し、その目的を定めます。それを受けて、各校が具体的な実践内容を工夫し、海洋教育に取り組んでいます。

02　海洋教育を持続可能にする

それぞれの学校が、地域素材を生かしながら特徴的な取り組みを形作ってきましたが、副読本を作っていく過程で、いくつかの課題が見えてきました。まずは、小学校と中学校の連続性に関する課題です。各校の担当が集まって、それぞれの実践内容を共有していく

と、小学校と中学校とで同じような学習活動が設定されていたり、小学校の学びが中学校に効果的につながっていないのではないか、という意見があがってきました。逆に、複数の小学校から生徒が入学してくる中学校からは、各小学校で取り組んでいる海洋教育の内容が異なるために、生徒の既習事項に差があり、共通の前提のもとに授業を作ることが難しいという状況が報告されました。

次に、課題となったのが、それぞれの学校内で海洋教育の学習単元は多様に開発されてきたものの、それぞれの学習のつながりを効果的に作れていないのではないか、ということでした。学年間や教科間でのつながりを丁寧に精査する段階にあるということが担当者間で共有されました。とりわけ、教育課程特例科目として「海洋科」を設置し、海洋に関する活動を包括していくことになり、その中での単元間のつながりや、海洋科とそれ以外の教科等との横断のあり方をあらためて整理していこうという機運が高まりました。

いくつかの課題が共有された結果、洋野町としての海洋教育の方向性をより明確にすること、海洋教育の体系化を図ることが目指されます。基本方針としては、各校が培ってきた教育内容や特徴、独自性を活かしつつ、町としての大枠を作るというものでした。

まずもって目指されたのは、海洋教育に関する資質・能力の系統表、洋野町としての統一的な系統表の作成です。各校がそれを実態に合わせて活用し、具体化していける状況を構築しようということになりました。そこで、教育委員会が校長らの意見を聞き、それを反

映させた原案を作りました（P.74／資料1参照）。海洋教育の目標、目指す子供の姿、目指す資質・能力の三つの柱「海に関する知識及び技能」「海を通した思考力、判断力、表現力等」「学びに向かう力、人間性等」から構成される系統表が作成されます。現在のものは試案であり、今後、各校で実際に活用してみての意見を反映させながらブラッシュアップしていくこととなっています。

　資質・能力の系統表と同時並行で進められたのが、全学校の海洋教育の学習活動を網羅し、それを分類整理することで、見取り図を作ることでした。それぞれの学校の活動内容を互いに把握し、各校間の連携や、小・中学校の連携を進めていくことが、洋野町の海洋教育の体系化につながります。これまで各学校での学習活動は、海洋教育のコンセプト（海に親しむ、知る、利用する、守る）に基づきながら目的が整理され、海洋教育の12分野に基づき内容が分類されてきました。しかし、この12分野の表は内容を分類する上では活用できるものの、それぞれの内容のつながりを見通したり、構造化したりしていくためには別の枠組みが必要となります。ここで参考とされたのが、UNESCO-IOC の海洋リテラシー（Ocean Literacy）です。

03　洋野町版の 海洋リテラシーを考える

　まずは、UNESCO-IOC の海洋リテラシーの基本原則を洋野町に置き換えてみるところからはじめられました。試案として作られたものは以下の通りです。

「海洋リテラシー for ひろの」試案

1. 洋野の海は美しい自然環境を与えている
2. 洋野の海は多様な生命を育てている
3. 洋野の海はたえず巡っている
4. 洋野の海は大地を形成している
5. 洋野の海は気候や災害に 影響を与えている
6. 洋野の海は人間の暮らしと 結びついている
7. 洋野の海は文化を生み出している

　この時点でも、豊かな海と大地とを有する洋野町の特性が含み込まれているが、その中でも7番目に文化が置かれていることが、ユネスコ版との大きな違いでしょう。

　また、同時に進められていた海洋教育の副読本づくりにおいては、海洋教育の実践を整理するための観点作りが行われていました。例えば、「洋野町の自然と自然を守る工夫や努力」や「ウニの増殖溝」、「洋野町のまつり、伝統芸能」などです。特徴的なのは、「ウニの増殖溝」でしょう。増殖溝とは、海水と海藻類が安定的に流れ込みやすくなるように、人工的に海岸の岩盤に掘った溝のことです。これにより、干潮になっても海藻類の成長が保たれるので、ウニは栄養をつけることができます。ウニの水揚げ量が全国2位、甘みが強く身入りがよいことから人気を博している

のも、先人の知恵が詰まった「増殖溝」によります。そのため、海洋教育の観点の一つとしてあげられていました。この観点には、学習活動と学習材との両方が置かれていたこともあり、さらなる整理の必要が生じていました。

副読本編集委員会にてこれらについて検討している際の議論で、「海洋リテラシーforひろの試案」における7つのカテゴリー（海洋リテラシーの基本原則）と「海洋教育副読本」の観点とを別立てにするのではなく、重ね合わせてはどうかという意見が出ました。その関係性を整理し、表したものが以下です。

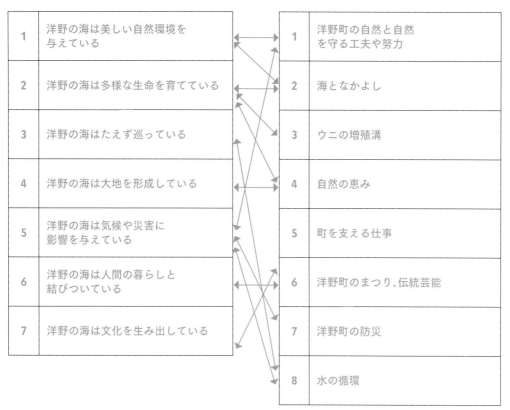

**海洋リテラシー for ひろの試案
第1回海洋教育推進委員会**

1	洋野の海は美しい自然環境を与えている
2	洋野の海は多様な生命を育てている
3	洋野の海はたえず巡っている
4	洋野の海は大地を形成している
5	洋野の海は気候や災害に影響を与えている
6	洋野の海は人間の暮らしと結びついている
7	洋野の海は文化を生み出している

R1 海洋教育副読本観点

1	洋野町の自然と自然を守る工夫や努力
2	海となかよし
3	ウニの増殖溝
4	自然の恵み
5	町を支える仕事
6	洋野町のまつり、伝統芸能
7	洋野町の防災
8	水の循環

「海洋リテラシー for ひろの」と「海洋教育副読本観点」の整理
→海洋教育の学習活動と学習材の観点が重なるように改善
＝「海洋教育ひろの学リテラシー」として整理

この表を見てもわかるように、副読本の観点のひとつが海洋リテラシーの複数のカテゴリーに関わると捉えられること、カテゴリーに偏りがあることが見えてきます。「2 洋野の海は多様な生命を育てている」には、4つの観点が関連づけられています。この結果を受けて、副読本の構成に向けて整理してきた観点を、海洋リテラシーに一元化させていくという方針が出されました。海洋リテラシーのカテゴリーが汎用性が高くかつ具体性もあり、大事にしたいことが明確であること、多様な学習内容を整理しやすいこと、また学校教育だけでなく、洋野町民の海洋リテラシーとして広がりを得られるだろうという意見が出されました。また、学校教育においては教員の異動の問題があり、異動があったとしても持続的に実践していける状態にしておくということが大きな理由でした。海洋教育は洋野町に特徴的な実践であり、はじめて洋野町に異動して来る教員にとっては、その文脈やねらいを理解しなければなりません。その際、洋野町の海洋教育としてわかりやすい形にしておくということが目指されました。

　この方針に従い、カテゴリーを練り上げる作業に取り掛かりました。そのために、先に行った「観点」との関連づけの詳細化を行いました。各校の海洋教育の内容をリストアップし、7つのカテゴリーに即して整理が行われました。すると、7つのうち、どこに位置づけるのがいいのか判別に困るもの、いくつかに跨っていると考えられるもの、7つの中に明らかに位置付けられない内容のものがあることが明らかとなってきました。また7つ

の中でも偏りがあることも見えてきました。また、カテゴリー間でも重なりがあるということが明らかになりました。もちろん、もとは一つの自然、海、暮らしですから重なりが生じるのは当然ではありながら、それを分類する視点はより精度を高くすることができるはずです。同時に、それは学習内容の意味を振り返る作業でもありました。

　議論の過程では、懸念もあがりました。海洋リテラシーという新たな枠組みが混乱を生じさせないだろうか、というものです。ただでさえ、海洋教育を形作っている途中でありながら、そこにまた新たな枠組が出てくることで、教員に負担が生じないだろうか、と。具体的には、海洋教育の4つのコンセプト（海に親しむ、知る、利用する、守る）と12分野との整合性です。これまでの各校での海洋教育の実践は、このふたつに基づき整理されてきました。それがようやく定着してきたというのが実態であり、それと新しい枠組みがどのような関係にあるのかが問われました。4つのコンセプトは、そのまま発達段階に応じて用いられてきた面もあります。「親しむ」が低学年、「知る・利用する」が中学年、「守る」が高学年、といったようにです。ユネスコ海洋リテラシーの7つの基本原則は発達段階に応じたものではなく、発達段階に応じた内容は、基本概念の中でK12まで細分化されています。洋野町の海洋リテラシー試案もまた、発達段階を踏まえたものにはなっていません。それゆえ、整合性を図ることは難題となりました。しかし、4つのコンセプトを深く捉えることで、この問いを乗り越えていき

ます。これまでは、この4つを発達段階に応じたものと理解してきましたが、より深く考えれば、「親しむ」ということはどの段階においても望まれるものであるように、この4つも段階的に進むだけではなく、段階の中でもこの4つは常に見られるということです。学習内容や活動の順番（シークエンス）としてではなく、それを見る視点（スコープ）であり、どの発達段階においても4つの視点を据えるべきではないか、という見解に至りました。海と共生との深い認識が得られた瞬間であると言えるでしょう。

洋野町の海洋リテラシーの特徴であるのは、「洋野の海と未来」というカテゴリーが置かれていることです。その他の7つと異なり、現在から未来に目を向けるために設定されたものです。洋野町の地形や気候、生息する生物、海のあり方などの自然環境についての学び、自然環境との関わりのなかで育まれてきた文化や産業についての学び、それは、いずれもが洋野町の未来を作っていくために必要なことであるという考えによるものです。そのため、このカテゴリーの学習活動には未来志向のアクションが置かれています。

議論の結果が副読本にまとめられていきましたが、海洋リテラシーを洋野町のものにしていくために、二つの変更が加えられました。ひとつは、その名称を、「海洋教育ひろの学リテラシー」としたことです。洋野町では、2017年度より沿岸部から離れた山側の学校含めて地域全体として海洋教育を進めるために「地域学」の視点を取り入れており、「海洋教育ひろの学」として展開しています。海洋

リテラシーの内容も、海そのものについての学びだけではなく、海を視点に多角的な視点を含み込んだものとなっています。その実態を反映し、また「ひろの」に暮らす人々にも広げていくために「海洋教育ひろの学リテラシー」としました。海洋教育のねらいを地域に広め伝え、それを共有してもらうことは、学校での海洋教育の支援にもつながりますし、学校と地域とのよりよい協働にもつながります。

もうひとつは、カテゴリーのことを、「ひろの学ポイント」としたことです。これは、リテラシーという言葉が子供たちにわかりにくく、よりわかりやすいものにした方がいいという理由からです。子供たち自身が、海洋教育ひろの学リテラシーを自分のものとしていけることが重要です。また、結果的に、地域の方々にも理解しやすいものにもなりました。

その結果、海洋教育ひろの学リテラシーの第一弾が完成しました。

海洋教育ひろの学リテラシー
＝ひろの学POINT

1　洋野の海が生み出す生命

2　洋野の海が作り出す大地

3　洋野の海と森の循環

4　洋野の海と気候

5　洋野の海と防災

6　洋野の海と歴史、伝統文化

7　洋野の自然と結びつく産業

8　洋野の海と未来

海洋教育ひろの学リテラシーと各学校の海洋教育学習活動一覧

| | 海と親しむ | | 海を知る | |
	洋野の海が生み出す生命	洋野の海が作り出す大地	洋野の海と森の循環	洋野の海と気候
内容	ウニ、サケ、ホヤ	海成段丘、沿岸部、内陸部	植樹活動、サケ放流、パックテスト	やませ、潮目、海流
種市小	海の生き物を調べよう③ 海の生き物図鑑を作ろう③		海洋環境教室④ 種市の森と海⑤	やませ対策、水管理について学ぶ⑤
角浜小	海となかよし①② 磯遊び①② 角浜調査隊③④	種差海岸を歩こう①②③④、海岸マップ観察③④		
宿戸小	磯遊び①②、ウニ放流①②、乗船体験①②、サケの採卵見学⑤		ウニの森植樹祭③④⑤⑥ サケの放流⑥	
中野小	有家浜生き物図かんを作ろう③、洋野町のウニのひみつとは?、ウニがあぶない!~考えよう、生き物のバランス~⑥	砂浜で遊ぼう①、潮風トレイルで海の不思議を見つけよう③	サケの放流②、山から川へ、そして海へ④	
大野小	大野の大豆を育てよう③、水生生物調査④		大野川探検隊④、鮭放流体験④	
林郷小	ヒーローの旅へ行こう③④⑤⑥		林郷の森を守ろう③④	
帯島小	帯島の自然環境を知る⑥		森林学習を通して山のはたらきを知る⑥、海まで流れる高家川を知る⑥、海にとって森林に果たす役割を調べる⑥	やませがもたらす影響について知る⑥
向田小	森林学習①② 水生生物調査③④	久慈平岳の森林学習①②③④⑤⑥	川と森との関係を調べる③④、森林学習「森は巡る」③④、向田と海洋のつながり⑤⑥	
種市中				
中野中			森と海の関係を知る①	
大野中	体験活動①、水産科学館見学②		郷土と海の関係①	

海を守る		海を利用する	
洋野の海と防災	**洋野の海と歴史、伝統芸能**	**洋野の自然と結びつく産業**	**洋野の海と未来**
津波避難訓練 津波防災、海成段丘	海鳴り太鼓 ナニャドヤラ	ウニ牧場、サケ加工 大野木工	海岸清掃、海洋教育こどもサミット 全国サミット
津波防災教室④			漂流ごみ調査④、海浜清掃⑤、グローバルな海洋問題⑥、海との共生ポスターセッション⑥
		町探検①②南部潜り見学⑤⑥	磯掃除①②③④⑤⑥、ふるさと角浜~角浜の未来について考えよう~⑤⑥
防潮堤見学④、津波防災教室④、津波出前授業④、防災マップ作り④	岡谷稲荷時神社見学③	ウニ漁、荷捌き場見学③、洋野の水産業、増殖溝⑤、南部ダイバー見学⑤、サケの採卵体験⑥、新巻き鮭づくり⑥	530運動・海岸清掃①②③④⑤⑥、地球規模で海洋環境を考える⑥
安心して海とくらそう④		お帰りなさい、また来てね⑤、サケが帰ってこられない!⑥	有家浜清掃⑤⑥、海洋自由研究⑤⑥、卒業論文⑥
津波のしくみとひがい③	一人一芸の村について調べる⑤	ウニ栽培センター見学③、大野の産業について調べる⑤	一人一芸の村に生まれて⑥これが私の生きる道⑥
		さけます孵化場見学③④⑤⑥、酪農と海のつながりを調べよう⑤⑥、ゆめ牛乳の魅力を伝えよう⑤⑥	
	伝承活動えんぶり⑥		海を守るために自分たちにできること⑥
津波出前授業①	郷土芸能「海鳴り太鼓」の継承③	内陸部の産業の見学・体験①職場体験②、流通経路を学ぶ②	海岸清掃①②③
津波防災講座①②③	ナニャドヤラで地域を笑顔に①②③	海と山を生かした特産品を作る①、海に関わる施設見学②、レシピカードつくり①	有家浜清掃①②③ 洋野PR大作戦①学習のまとめ・発信①② 洋野町PR大作戦②③ 洋野発信プロジェクト③
震災・防災・復興学習①②③		産業体験①、発信活動①②③、海に関わる職業②、ウニ栽培漁業センター見学③	

海洋教育ひろの学マップ

磯掃除

ひろの学 POINT **6** 洋野の海と歴史，
伝統文化

ひろの学 POINT **1** 洋野の海が
生み出す生命

増殖溝のウニ

ひろの学 POINT **3** 洋野の海と森の循環

ひろの学 POINT **5** 洋野の海と防災

海成段丘　酪農牧場

森はめぐる

ひろの学 POINT **7** 洋野の自然と
結びつく産業

ひろの学 POINT **2** 洋野の海が
作り出す大地

サケ採卵作業体験

ひろの学 POINT **4** 洋野の海と気候

サケ放流体験

洋野の海と未来

04 結節点としての海洋リテラシー

　このようにしてできあがった海洋教育ひろの学リテラシーは、町内全学校の海洋教育の共通のフレームワークとなりました。そのことにより、学校間の連携が取りやすくなり、小学校と中学校との学習活動を接続させていく指針にもなるでしょう。他方で、このリテラシーはこれから磨き上げられていくものであるということが共有されています。ポイントごとに学習活動を整理することで、学習内容の偏りや、今後充実させたい内容なども見えてきました。学習活動として全学校に共通のものを設定したほうがいいのではないか、という見解も出てきました。海洋教育を通して何を育むのか、そのためにどうしていくのか。海洋教育ひろの学リテラシーは、その方向性を定めるものであり、海洋教育の目的や内容そのものを振り返る際の評価の枠組みでもあり、さらによりよくしていくためにはどうすればよいかを考える土台となっています。

　今後、同時に作成を進めていた海洋教育にかかる資質系統表とも照らし合わせながら、学力向上につながる海洋教育のありかたを探っていくことが目指されています。

[付記]

本章の内容は、洋野町海洋教育推進委員会および副読本編集委員会の議論の記録に基づき、執筆者が整理して記述したものである。推進委員会および副読本編集委員会の木内隆友委員長をはじめメンバーのみなさま、洋野町教育委員会の伊東晃指導主事に感謝いたします。

令和3年度洋野町海洋教育副読本
編集委員会
木内 隆友（洋野町立中野小学校・校長）
上村 咲樹（洋野町立中野小学校・教諭）
日影 知子（洋野町立中野小学校・教諭）
工藤 美波（洋野町立大野小学校・教諭）
石井 雅彦（洋野町立帯島小学校・教諭）
平賀 ユカ子（洋野町立種市中学校・教諭）
平賀 純（洋野町立中野中学校・教諭）

令和2年度までの編集委員会
（所属は全て当時）
小川 祐史（洋野町立中野小学校・校長）
村上 崇人（洋野町立角浜小学校・教諭）
佐藤 佳央理（洋野町立大野小学校・教諭）
橋戸 孝行（洋野町立帯島小学校・教諭）
村松 康司（洋野町立中野中学校・教諭）

海洋教育「ひろの学」資質・能力系統表　　　　　　　　　　　　　　　　洋野町教育委員会　試作版

海洋教育「ひろの学」で目指す子供の姿

海の豊かな自然と親しむ活動や身近な地域社会の中で、海とのつながりや身近な地域に対する関わりを深めることができるような体験活動ができる子供。海や地域について調べる活動。その保全活動などの体験を通して、海や地域社会に対する関わりを深めるとともに、海洋環境、水産資源、船舶運輸など広範な海洋及び海を通した世界の人々との結びつきについて理解させ、社会の形成者としての資質・能力を養う。

海洋教育「ひろの学」の目標
海に関する自然環境・文化・歴史について理解し、尊重できる子供。
洋野町について学んだことや考えたことを表現したり伝えたりできる子供
洋野町の未来を担う人材としての自覚をもち、まちづくりに主体的に関わろうとする子供

学年	教科等	学習活動例	海に関する知識・技能	海を通した思考・判断・表現	主体的に学習に取り組む態度
小1・2年	**【生活科】** 海や地域のすばらしさや自然の不思議さに気付く。	内容(3)地域と自然 ・楽しい海、地域 ・海や地域にあるもの 内容(6)自然や物を使った遊び ・海や地域での遊び ・海や自然の不思議さ	海や地域に関わる活動を通して、自分たちの生活は様々な人々や場所と関わっていることが分かっている。 海や身近な自然を利用したり、海や身近にある物を使ったりするなどして遊ぶ活動を通して、その面白さや自然の不思議さに気付いている。	海や地域に関わる活動を通して、海や地域の場所で生活したり働いたりしている人々について考えている。 海や身近な自然を利用したり、海や身近にある物を使ったりするなどして遊ぶ活動を通して、遊びや遊びに使う物を工夫してつくっている。	海や地域に関わる活動を通して、それらに親しみや愛着をもち、適切に接したり安全に生活したりしようとしている。 海や身近な自然を利用したり、海や身近にある物を使ったりするなどして遊ぶ活動を通して、みんなと楽しみながら遊びを創り出そうとしている。
小3年 30時間	**【海科】** 海や地域の川や海に関する生き物、海域の特産について理解を深める。	海洋生物と環境 ・地域の海や川にすむ生き物 ・地域の特産	海や地域の人、もの、ことにかかわる探究的な学習の過程において、課題の解決に必要な知識及び技能を身に付けているとともに、地域の特徴のよさが分かり、それらが人々の努力や工夫によって支えられていることを理解している。	海や地域の人、もの、ことの中から問いを見いだし、その解決に向けて見通しをもって調べ、集めた情報を整理・分析し、根拠を明らかにしてまとめ・表現する力を身に付けている。	海や地域の人、もの、ことについての探究的な学習に主体的・協働的に取り組もうとしているとともに、互いのよさを生かしながら、持続可能な社会を実現するための行動の仕方を考え、自ら社会に参画しようとしている。
小4年 30時間	**【海科】** 水のかかわりについて理解を深める。	水の循環と環境 ・防災　・安全 ・環境保全			
小5年 30時間	**【海洋科】** 地球規模で海洋環境を考え、実行しようとする態度を育てる。	水産業と水産業 ・海洋環境、地域の環境 環境問題と未来 ・環境問題の実態・保全の方法 ・自分にできること			
小6年 30時間			**育成を目指す資質・能力を踏まえた【単元の評価規準】の作成のポイント**	**育成を目指す資質・能力を踏まえた【単元の評価規準】の作成のポイント**	**育成を目指す資質・能力を踏まえた【単元の評価規準】の作成のポイント**
中1年 30時間	**【海洋科】** 海とともに発展してきた洋野町の未来の姿を考える。	小学校の学習を基に地域の未来を考える ・地域の企業 ・自然を活用した様々な活動	【海に関する知識・技能】 ①海に関する概念的な知識の獲得 ②自ら活用することが可能な技能の獲得 ③海に関する探究的な学習のよさの理解	【海を通した思考・判断・表現】 ①課題の設定 ②情報の収集 ③整理・分析 ④まとめ・表現	【主体的に学習に取り組む態度】 ①自己理解・他者理解 ②主体性・協働性 ③将来展望・社会参画
中2年 45時間	洋野町の未来の姿を考える一員として、自己の役割の自覚とよりよい自己実現を目指し、自立。	・地域の課題とよさ ・他地域との比較 ・世界とのつながり			
中3年 40時間	して生きていこうとする態度を育てる。	自己実現を目指す ・キャリアアップ ・未来の洋野町と自分	【海に関する知識・技能】 ①海に関する概念的な知識の獲得 ②自ら活用することが可能な技能の獲得 ③海に関する探究的な学習のよさの理解	【海を通した思考・判断・表現】 ①課題の設定 ②情報の収集 ③整理・分析 ④まとめ・表現	【主体的に学習に取り組む態度】 ①自己理解・他者理解 ②主体性・協働性 ③将来展望・社会参画

海洋教育ひろの学リテラシーと海洋教育副読本観点について

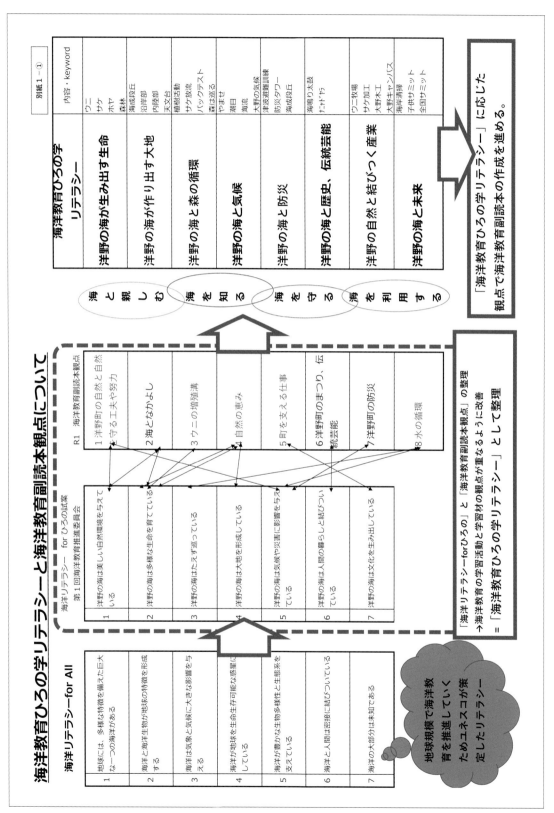

別紙1-①

海洋教育ひろの学リテラシー

海洋教育ひろの学 リテラシー	内容・keyword
洋野の海が生み出す生命	ウニ サケ ホヤ 森林
洋野の海が作り出す大地	海成段丘 沿岸部 内陸部 天文台
洋野の海と森の循環	植樹活動 サケ放流 バックテスト 森は巡る
洋野の海と気候	やませ 潮目 大野の気候 海流
洋野の海と防災	大野の気候 津波避難訓練 防災タワー 海成段丘
洋野の海と歴史、伝統芸能	海鳴りの太鼓 なにゃとやら
洋野の自然と結びつく産業	ウニ牧場 サケ加工 大野木工 大野キャンパス
洋野の海と未来	子供サミット 全国サミット

海と親しむ　海を知る　海を守る　海を利用する

「海洋教育ひろの学リテラシー」に応じた観点で海洋教育副読本の作成を進める。

海洋リテラシー for ひろの試案

海洋リテラシー　for ひろの試案
第1回海洋教育推進委員会

	R1　海洋教育副読本観点
1	洋野の海は美しい自然環境を支えている
2	洋野の海は多様な生命を育てている
3	洋野の海はたえず巡っている
4	洋野の海は大地を形成している
5	洋野の海は気候や災害に影響を与えている
6	洋野の海は人間の暮らしと結びついている
7	洋野の海は文化を生み出している

	R1　海洋教育副読本観点
1	洋野町の自然と自然を守る工夫や努力
2	海となかよし
3	ウニの増殖溝
4	自然の恵み
5	町を支える仕事
6	洋野町のまつり、伝統芸能
7	洋野町の防災
8	水の循環

海洋リテラシーfor All

	海洋リテラシーfor All
1	地球には、多様な特徴を備えた巨大な一つの海洋がある
2	海洋と海洋生物が地球の特徴を形成する
3	海洋は気象と気候に大きな影響を与える
4	海洋が地球を生命生存可能な惑星にしている
5	海洋が豊かな生物多様性と生態系を支えている
6	海洋と人間は密接に結びついている
7	海洋の大部分は未知である

「海洋リテラシーforひろの」と「海洋教育副読本観点」の整理
→海洋教育の学習活動と学習材の観点が重なるように改善
＝「海洋教育ひろの学リテラシー」として整理

地球規模で海洋教育を推進していくためのユネスコが策定したリテラシー

資料2

75

海洋教育こどもサミット in ひろの 2017、2019

2016年から行われている海洋教育こどもサミット。2017年、2019年は洋野町を舞台に開催された。2017年は、各学校によるポスター発表に加えて、海の哲学対話が行われた。海ってなんなんだろう、海と暮らすってどういうことなんだろうという問いを、児童生徒同士で深めあった。

海洋リテラシーの
向上のための活動

　全国各地では、海洋リテラシーを高めるための活動が行われはじめている。写真は、高校生が地域の幼稚園・保育園に赴き活動を行なったもの。園児たちに海への関心をもってもらうために、自分たちで海の絵本を作成しそれを日本語と英語で読み聞かせた。その後、海洋生物の名前を英語で呼び合うゲームを行った。そのほかにも、海の探究学習ののちに、活発な啓発活動を行なったり、そのための資料や広報物を作成するなど、児童生徒たちによる主体的な活動が盛んとなってきている。

5

日本型の海洋リテラシーのための論点

　二つの地域の「海洋リテラシー」は、ともに海洋教育の体系化、さらには持続的な展開を目指して作られたものといえます。また、海洋教育を学校教育から地域に開いていくというねらいも据えられており、その先には、地域における海と人との共生を実現していくという目的が据えられています。海洋リテラシーの構築に当たっては、UNESCO発のOcean literacyをベースに、地域特性を踏まえて作り替えていくという方法がとられました。この二つの地域の事例は、他の地域にとっても参考になる点が多いでしょうし、実際に、世界的にも同様の方法にて、地域版の海洋リテラシーが作られはじめています。日本の海洋教育を充実させるにあたって、あるいは海洋基本法の理念でもある「海洋と人類」の共生を実現していくにあたって、「海洋リテラシー」という概念はその軸になるものといえます。海洋リテラシーを育むこと、向上させることが、海洋に関する持続可能性を高めることにつながるからです。海洋リテラシーは、産官学民の共通言語として、ひとつの結節点になりえるものです。そうであるからこそ、便利な言葉として使われてしまい、「消費」されてしまう危険性もあります。これまでにも多くの概念がそうなってきました。海洋リテラシーという概念が有する推進力を失わないためにも、この概念自体を批判的に検討し、強度ある概念に磨いていくことが必要です。本章では、海洋リテラシー推進にあたっての課題を描出し、これからの海洋リテラシーを形作っていくきっかけを作ります。

01 海洋リテラシーの課題

　海洋リテラシーの基本原則と重要概念が作成された際には、アメリカの科学教育スタンダードに海洋の内容を含めることが目的となっていました。その後、アメリカ発の海洋リテラシーのフレームワークは、海洋の持続可能性を達成するという、より大きな目的のもとに位置づけられ、国際的に海洋リテラシーの運動が展開していきます。この際、海洋リテラシーの普及にかかる大きな課題は、それぞれの国や地域によって、経済発展の状況、学校システムやカリキュラム、政治・統治システムが異なるということです。それぞれの文化を考慮しなければなりません。言語、歴史、理念や価値観、さらには西洋科学への信頼も異なります。たとえば、世界には、何千年にもわたって、海洋資源を持続的に利用してきた先住民族がいます。彼らは独自の海洋文化を育んできました。それは、時に近代科学とは異なる「野生の科学」を示しもします。彼らの自然との関わり方が、近代科学的な視点から考えられる「持続可能性」にとって「誤った」行動に映ったとしても、特有の文化のもとで自然との持続的な関係を築いているのであれば、それは「正しい」行動になります。なぜなら、優先されるべきは自然との持続可能性だからです。もちろん、その逆もあり得るでしょう。このことは何も先住民族に限ったことではなく、日本においてもそれぞれの地域ごとに特有の文化があるはずです。この地域特有の海洋文化に関連して、UNESCOは、先住民族の知識体系と科学的知識体系を並べて確認し、文化遺産に誇りを持ち、環境に対する自分たちの伝統的な理解を把握しながら、伝統的な知識と科学的な知識の両方を使い、持続可能な未来のために選択していけることの重要性を主張しています[*1]。

02 海洋リテラシーをめぐる議論

　日本国内での海洋リテラシーの普及にあたっての大きな課題は、推進のための構想と計画がないことでしょう。海洋科学の10年がはじまり、その中で海洋リテラシーも重要な位置付けにあり、実際にその重要性は海洋関係者に広まっているように思います。しかし、海洋リテラシーに関連する議論の多くが必ずしも有意義に蓄積していないようにも思います。それはなぜなのでしょうか。自分自身の経験も踏まえて考察してみます。

　まずもって、「海洋リテラシー」という概念の共通理解が得られていないということに原因の根本があると考えられます。海洋リテラシーをイコール海洋に関する知識と捉えている人もいれば、知識に加えて行動できることを海洋リテラシーとして使用している人も

*1）国連海洋科学の10年の『実施計画書』の用語集でも「先住民や地元の知恵（Indigenous and local knowledge）」が取り上げられている。用語の解説は以下の通り。「自然環境と長期的に関わり合ってきた歴史を有する社会によって編み出された見識、スキル、哲学のこと。先住民や地元の人々にとって、その土地の知識は、日常生活の基本的な側面に関する意思決定に資するものである。かかる知識は、言語、分類体系、資源の使用慣行、社会的交流、儀式、精神性に加え、文化複合体の一部を構成する。」『実施計画書』（https://www.oceandecade.org/wp-content/uploads//2021/11/356986-Ocean%20Decade%20Implementation%20Plan:%20Japanese%20Language）2022年1月24日閲覧。

います。また、海洋に関する知識を自然科学に限定する人、より広く社会科学的なものも射程に入れている人もいます。リテラシーを教育という意味で用いて、海洋に関する教育という意味合いで使う人もいます。「海洋リテラシー」という概念が多様な意味で用いられ、共通の定義が得られていないままに議論が進むために、すれ違いが生じている現状があるのではないでしょうか。そのためにも、まずは海洋リテラシーという概念自体についての十分な議論が必要だと考え、本書では海洋リテラシーの理念と定義を提案しました。

海洋リテラシーに関する議論が行われる際には、同時にそれを普及させるための「教育」が話題となります。その際、教育という言葉が、行われる場や対象年齢などが明確に区別されることなく用いられ、ある人が高等教育を想定して話しながら、また別の人は義務教育としての初等教育を想定していたり、どこか議論がかみあわないままに進行していることがよくあります。初等教育と高等教育とでは目的も特性も異なりますし、公教育には公的な目的があるように、学校段階やその性質は異なるものです。海洋リテラシーを普及させるために「教育」が重要であるという共通理解を得つつも、具体的な展開を考える上では、「教育」という言葉でもって、イメージしているものを明確にしていくことが必要です。それはつまり、海洋リテラシーのこれからの普及を考える上で、初等・中等・高等教育、学校教育と社会教育、フォーマル教育とノンフォーマル教育など、それぞれの特性を踏まえながら、それぞれの役割を整理してい

くことでもあります。このことは、海洋リテラシーの推進の構想とロードマップを描いていくうえでも重要な視点でしょう。

03　学習指導要領と海洋リテラシー

アメリカ発の海洋リテラシーでは、小学校から高校の段階に応じて身につけるべき知識が整理されています。これはアメリカの科学教育スタンダードに基づいているために、教育システムが異なる日本にそのまま導入できるものではありませんから、日本の教育システムを踏まえて、どのように展開させていくのかを検討していくことが必要となります。特に、海洋リテラシーを育む役割として、重要であるのは学校教育でしょう。この時に考えなければならないのは、文部科学省が定めている教育課程（カリキュラム）である学習指導要領との関係です。アメリカにおいて海洋リテラシーが作られたきっかけは、科学教育スタンダードに海洋の内容が十分でないことから、海洋の内容を盛り込むためです。日本も似たよう状況にあります。学習指導要領では海洋の内容が十分ではないからです。海洋リテラシーを向上させるためには、学習指導要領の中に海洋の内容を充実させることが近道でしょう。学習指導要領に記載されていない内容については、教科書でも記載されず、授業でも取り上げられにくいということが研究結果から示されています[2]。また、授業で取り上げられない内容については、そうでない場合に比べて、認識度合いがかなりの程度

*2）東京大学海洋アライアンス海洋教育促進研究センター編『全国海洋リテラシー調査：最終成果論文集』2016年。

で低くなるということも示されています。

　このような認識のもと、2016年3月、日本海洋学会から文部科学省に対して提案がなされました。水産・海洋科学研究連絡協議会を構成する16学会、沿岸環境関連学会、連絡協議会を構成する13学会・委員会のうちの12学会・委員会、その他の海洋にかかわる7学会の合意による提案です。具体的には、4年生の理科に、総時間数3時間の「海のやくわり」という単元を新設させるという提案です。この単元は、海が物理・生物・化学・地学分野の種々の現象・事項が互いに関係していることの一端を学んでもらうというねらいから構想されたものです。授業計画案も一緒に提案されました。学習指導要領は10年スパンで見直し作業が行われますが、この提案は次の改訂にあわせてなされたものと言えます。しかし、2017年・2018年告示の学習指導要領を見てもわかる通り、この提案は具体化しませんでした。

　学習指導要領に記載がない状況下では、海洋リテラシーを向上させることは難しいのでしょうか。海洋に関する正しい知識を身につけていることを、海洋リテラシーの前提とするのであれば、確かにその前提を達成するうえで、学習指導要領に記載があることは重要です。しかし、すでに確認してきたように、知識を身につけていることがイコール海洋リテラシーのある人というわけではありません。海洋リテラシーの向上のための教育を、知識伝達のモデルではなく、近年の教育の趨勢である探究や創発のモデルで捉えるならば、また異なる可能性が拓けます。正しい知識を身

につけた上でこそ海への責任ある行動を取れるという考えもあれば、海への責任ある行動を取ろうとするために知識を身につけようとすることもあるでしょう。後者は、海洋リテラシーのある人とは言われないのでしょうか。知識の有無に関わらず重要なのは、海に主体的に関わろうとすることだと考えます。人の態度は、ある物事に対する知識に基づいてのみ形成されるのではなく、道徳的な信念や文化的習慣に基づいて形成されもします。そう捉えれば、現状の学習指導要領において実施できる可能性が拓けます。すでに多くの学校が取り組んでいるように、総合的な学習・探究の時間の活用や海洋に関する課題探究学習は、海洋リテラシーを向上させる可能性を十分に有しています。

　知識の習得を前提においてしまうと、どの学年、どの教科、どの単元で取り上げるのかなど、検討しなければいけないことが多くなります。知識の重要性は否定されるものではありませんが、知識の習得を前提にせずに、海洋リテラシーを向上させる方法はあるはずです。もちろん、そういったこととは別に、現状において海洋に関する知識の認識度があまりにも低すぎる、基礎的な知識向上を図らなければいけないという見解もあるかもしれません。そのためにも、学習指導要領に記載することでボトムアップを図らなければいけないという考えもあるでしょう。この認識に立つ時、どの程度の基礎知識を身につければ十分かという問いが浮かびます。生活するうえで、最低限身につけておかなければいけない海洋の知見について具体化することが必要

となるでしょう。このことも今後、検討されなければいけないことです。この作業が、日本での海洋リテラシーを形作り、広めていくための一歩となるのではないでしょうか。その上で、身につけるべき知識や技能のうち、学習指導要領で扱っているものとそうでないもの、学校教育で育めるもの、それ以外の場所で育むのが適当なものを検討していくことが、海洋リテラシー向上のためのロードマップを定めることになると考えます。

他方で、現在の学校の教員が置かれている状況からすると、学校現場に海洋リテラシーの育成という新たな内容を付け加えることはきわめて困難でしょう。もちろん学校教育が抱える課題は改善されなければいけないものです。しかし、その課題は、海洋リテラシーの充実という課題とは別に検討されなければならないものです。学校教育の現状を無視して、海洋に関する基礎知識の充実を進めるということは望ましいものではないですが、海洋リテラシーの向上をはかることが重要なことには変わりありません。そしてまた、学校教育での海洋リテラシーの育成を検討するのであれば、授業で活用できる教材や資料集を充実させることで実施する教員の負担を減らすとともに、その実施を支援するための仕組みを整えておくことが必要でしょう。

第二章で確認したように、海を大事にしようとする心情や意志が、海洋リテラシーを意味あるものにします。この心情や意志は、もちろん教室の中で涵養できないものではありませんが、海や海洋生物との直接的な関わりに勝るものはないでしょう。しかし、海に行

くうえでは、安全面の確保をしなければなりませんし、海から遠く離れた学校においては予算面の支援なしでは実施は難しく、そのハードルは高いものです。ただ、大きな海を前にしたときの感覚は、なにものにも変え難いものです。もちろん、海との直接的な関わりと海洋リテラシーとの間にどのような関係があるのか、その考察と研究とは蓄積される必要がありますし、海洋リテラシーに関する評価の問題を示唆します。この課題に取り組んだ先行研究はいくつもあり、日本においても存在します[*3]。

日本型の海洋リテラシーを考える上では、自然科学的な内容だけで十分ということはなく、日本特有の文化や歴史なども踏まえる必要があるでしょう。科学教育スタンダードに入れることを前提に作られたOcean Literacyは、概念的な偏りがあります。また、科学的な探究がベースとなる実践的なアプローチが中心となっており、経済的、文化的なアプローチは扱われにくいのが現状です。たとえば、日本においては「日本海」、韓国では「東海（トンヘ）」と呼ばれる、海の国際名称に関する議論は海洋リテラシーとは関係のないものでしょうか[*4]。海の名称をめぐる議論は、歴史や政治、法律や文化などが絡み合います。それらの側面から捉えることも、海洋についての理解を深めることになります。海洋資源の問題を考える上でも社会科学的なアプローチは不可欠です。海洋リテラシーを、いわゆるSTEM（science、technology、engineering、mathematics）分野に限定されるものではなく、それ以上の広がりを持つものとして捉えるこ

*3）一例として、以下を参照されたい。蓬郷尚代、松本秀夫、千足耕一「短縮版海洋リテラシー評価尺度の開発」『野外教育研究』、2019年22巻2号、pp. 31-39。

とが求められます。

04 　日本型の海洋リテラシー

　日本型の海洋リテラシーとはどのようなものになるでしょうか。日本特有の文化や環境、地理などを踏まえたとき、そのあり方はどのようなものでしょうか。その簡単なスケッチを描いてみたいと思います。

　その特徴のひとつとなるのは、四方を海に囲まれているという地理に関わるものでしょう。日本に住む私たちのくらしの多くは海に支えられています。魚や海藻などの食べ物、食を支える水産、海上を活用した運搬、四方が海であるからこその気候。レジャーの場としての海ということもあるでしょうし、海そのものがもたらしてくれる精神的な充足ということもあるでしょう。その反面で、海という大いなる自然がもたらす恐れということも忘れることはできません。津波や高潮などによる災害、気候変動の影響による豪雨被害なども、海に囲まれているからこそ苛烈になるものでもあります。防災・減災の視点は欠かせません。また、何よりも水難事故を防ぐこと、命を守ることは根底に据えられる必要があるでしょう。海洋国家と言われるように、まさに海との関わりの中で文化が生じてきました。日本型の海洋リテラシーを考えるにあたっては、そのことの確認と、恵みを未来に繋いでいくという視点とが根底に据えられるのが望ましいと考えます。一見すると、自分の生活が海とは関わりがないように感じられ

るかもしれません。特に海から遠い場所で暮らしている人にとってはそうでしょう。しかし、実際には、日常生活の中では見えていないだけで、立ち止まって、深く探ってみれば、さまざまな点で海と関わっているということが見えてきます。このつながりを浮き彫りにし、見えるもの、確認できるものにしていくことが、日本型の海洋リテラシーを考えるための第一歩であり、推進していくための目的になるでしょう。

　海洋リテラシーをめぐっては、多様な分野・領域、背景を持つ人々により数多くの意見が出され、議論が起こりながら、しかし、その動きが形となることはありませんでした。その必要性は確認されつつも、議論が散逸してしまってきたのではないでしょうか。それに対する最善の答えをひとりの個人が出すことは不可能です。日本型の海洋リテラシーを考えるためにも、持続的な議論空間が必要です。そこで、本書では日本型の海洋リテラシーの8つの基本原則と内容、海洋教育の理念と4つの基礎を提案することにしました。ここで提案するものは、全国海洋教育サミットや海洋教育こどもサミットといったイベントでの実践・研究発表やディスカッション、全国各地で行われている海洋教育の活動を受けて、海洋リテラシー研究会にて作り上げたものです。海洋リテラシー研究会は、東京大学と協働して海洋教育を進めている教育委員会や学校、社会教育施設の実践、研究を前提に、東京大学の海洋学と教育学の研究者を中心に設立されたものです。この原案はまだまだ不十分なものであり、検討、改善されるものです

*4）Rainer Dormels, Ocean Literacy-In the Context of Naming of Seas: Case Study: The Sea Between Korea and Japan, *Ocean Literacy: Understanding of the Ocean.*, Kostis C. Koutsopoulos, Jan H. Stel Eds., Springer, 2021.

が、そのことにより議論空間を具体的に構築することにつながると考え、提案するに至りました。この原案が批判的に検討されることにより、日本型の海洋リテラシーが磨き上げられていくことを願います。

　海と人との共生とは何かという問いの前には、誰しもが平等です。海との共生のあり方には唯一の解はありません。人間は、すでに海と共生していながら、それはまた創出されるものでもあり、探究されるものです。現状、ようやくその探究の端緒についたばかりです。海洋リテラシーの向上のための展開を作っていく核となる議論空間が形成されることが望まれます。課題は多くあります。2016年に、「2025年までに全国で海洋教育が実践されることを目指す」との宣言が掲げられながら、そのためのビジョンは明確になってはいませんでした。2016年時点よりも、海洋に関する問題は増え、深まり、海洋に関する関心は高まっていますが、海洋教育は一部で推進されるにとどまり、そのための支援は十分であるとは言い難い状況です。今一度、海洋教育を推し進めていくためにも、海洋リテラシーという概念を軸に据えること、そのための議論を充実させることが求められています。

海洋教育研究会

2019年7月31に日本財団ビルで「海洋教育研究会」が開催。幼少中高校や大学、教育委員会や水族館、NPO法人など全国の海洋教育の実践者およそ120名が参加し、実践発表やディスカッションが行われた。「こんなにおもしろいことはない」「可能性がとても大きい」という声もあり、他方では現在の教育現場の状況からすると、新たなことにチャレンジする余裕がないという声も。海洋教育の可能性を拓くためにも、互いの課題を共有し解決に向けて協同していける場所づくりの必要性が確認された。

おわりに

身体感覚を踏まえて

　海は、この世界のすべての人びとと、そして生きものをつないでいます。いいかえるなら、海は、地球規模の水循環の中心に位置し、人間をふくめ、すべての生物の生存可能性を支えています。現在、環境問題が取り沙汰されるなか、この海を中心とした自然の大切さが、あらためて語られています。「SDGs」「カーボン・ニュートラル」「エコバスケット」といった取り組みも、自然を大切に思うからこその取り組みです。

　この自然は、自然環境としての自然ですが、私たちは、この自然を、多くの場合、客観的事実として把握しようとしています。つまり、科学的に理解しようとしています。それは、たしかに大切なことですが、この自然環境としての自然は、ふだんの私たちにとって、何よりもまず、感じられるものです。身体で＝五感で、感じられるものです。

　たとえば「潮風」「潮騒」「夕凪」「漁り火」「海の幸」といった表現は、客観的・科学的な表現ではなく、身体が感じたものの情感的・感性的な表現であり、いわば、身体感覚にねざす海の意味です。振りかえってみますと、私たちの日常的な表現の多くは、情感・感性に彩られていて、見る・聴く・触れる・嗅ぐといった身体感覚に根ざしています。

　ここで確認したいことは、この身体感覚の立ち位置、いわば、境遇です。人に対する身体感覚は、コロナ禍において、ますます遠ざけられていますが、自然に対する身体感覚は、いわゆる「情報化」が始まって以来、ずっ

と遠ざけられてきたといえるでしょう。

　身体で感じられる自然は、人が作りだしたさまざまな情報の外にあります。そうであるかぎり、人は、さまざまな情報になじんでいくことで、自然を身体で感じることが少なくなる、といえます。たとえば、もしも都会に長く住んでいて、たくさんの情報に塗れて生きているときに、何か違和感を覚えたなら、それは、自分が情報の外にある自然の一部であるのに、その自然をないがしろにしている、と感じるからではないでしょうか。

　ともあれ、「潮風」や「夕凪」のような表現は、自然についての身体感覚を言葉にすること、いわば、自然を感性（感受性）で意味づけることです。そうした自然についての意味づけは、しばしば詩や小説のなかで、描かれています。たとえば、アメリカの作家ヘミングウェイ（Ernest Hemingway）が書いた小説『老人と海』（1952年）では、主人公の老人が、大きなカジキマグロと闘ううちに、海の生きものと自分のつながりを感じていきます。そのつながりは、かつて「フュシス」と呼ばれたもの、生命としての自然、といえるでしょう。

　このような自然の感性的意味は、天気予報や地震速報のような情報ではありません。自然現象の情報化は、いずれ、AIによって代替されるかもしれませんが、自然の感性的意味づけは、一人ひとり固有なかたちで身体感覚をもっている人にしかできないでしょう。しかし、実際の外在する自然から離れたままで長く生活していると、この身体感覚への入力も減って

しまいます。たとえば、たまに海浜を散策しても、何も感じられない、という感性の貧しい状態になってしまうのではないでしょうか。

　身体感覚への自然の入力が減ってくると、思考は、世間・通念・常識で認められている通俗的な考え方や、「エビデンス・ベースド」のような、目的を達成するために評価する・分析するという目的合理的な思考に傾いていくのではないでしょうか。たとえば、人が人間関係に疲れて、海や山に行く理由の一つは、そこが、人間関係に染みこんでいる通俗的な考え方や目的合理性の外だからではないでしょうか。

　また、もしも、温暖化・海ゴミなどの「環境問題」に対して、何か無力感・徒労感を感じるとすれば、それは、通俗的な考え方や目的合理性で考えているからではないでしょうか。たとえば、〈自分だけでなく、みんなが変わらなければ、環境問題は解決できない〉という考え方は、合理的な考え方です。しかし、みんなの考え方を変える方法は、なかなか見つかりません。つまり、合理的な考え方だけでは、この先になかなか進めません。

　この合理性が作りだす壁を越える方法は、一人ひとりの地道な努力の積み重ねしかないでしょう。身体感覚は、このプラクシス、地道な努力を助けてくれるものである、と思います。環境問題が解決できない合理的理由をあれこれ並べて、苛立ったり、諦めたりするよりも、〈とにかくやってみる〉というプラクシスに向かう心の状態は、身体感覚によって生みだされると思います。いいかえれば、自然・海を身体で感じ、その感覚を語り、

心に刻むことは、自然に寄り添いながら動く身体を自然に生みだしていく、と思います。感性は、合理性を超えています。人は、大切であると切実に感じるものを、大切にします。

　こうした考え方が、どのくらい妥当なのか、「エビデンス・ベースド」で実証することはできませんが、次のように提案したいと思います。すくなくとも、現代の社会が、身体感覚よりも情報や合理性を重視しているかぎり、自然についての身体感覚を大きく広げ、自然を感性的に意味づけていく人文知を、自然科学的思考に加えて、海洋教育を支える海洋リテラシーのもう一つの柱にすえるべきである、と。

海の感性的意味を踏まえた海洋教育へ

　最後に、海の感性的意味を考えるという教育（の可能性）について、ふれておきます。この教育は、いいかえれば、人が、海をどのように意味づけてきたのか、たとえば、海にかかわる文学作品を教材にすることで確かめていく、という教育です。

　海にかかわる文学作品としては、さきにふれたヘミングウェイの『老人と海』の他にも、たくさんあります。日本の文学作品についていえば、たとえば、葉山嘉樹の『海に生くる人々』（1926年）、新田次郎の『珊瑚』（1978年）、田中光二の『わだつみの魚（イオ）の詩（うた）』（1991年）などがあります。

こうした海にかかわる文学作品は、海を、しばしば、自然の悠久さ・壮大さを示すものとして、いいかえれば、人為を越えたものとして意味づけています。そして、その対比として、人のはかなさ・小ささ、いいかえれば、有限性を浮かびあがらせています。こうした海と人の対比は、人の海へのあるべきかかわり方を暗示しています。それは、人が、さまざまな技術を駆使し、海を征服し、思いどおりに操作するというかかわり方ではなく、さまざまな経験を踏まえつつ、海に逆らわず、海とともに生きるというかかわり方です。

　文学作品ではありませんが、19世紀の歴史学者ミシュレ(Jules Michelet)は、『海』(1861年)という著作において、海を、すべての生きものが生まれてきたところであり、そして死んで帰っていくところ、と意味づけています。いわば「大いなる自然」として。ミシュレは、人は、海のような「大いなる自然」とともに生きるときにこそ、生き生きと生きることができる、と考えていました。その本のなかの「クジラ」についての記述に見られるように、ミシュレは、海の生きものに、生命の輝きを見いだしていました。こうしたミシュレによる海の意味づけは、科学的・客観的ではなく、詩情的・感性的なものですが、そうであるからこそ、私たちの心を豊かにしてくれます。

　海洋リテラシーの中心の一つは、たしかに客体・物質としての海洋についての科学的知見ですが、それを何のために・どのように活用するの

か、を考え定めるうえでは、人としての豊かな心が欠かせません。たとえば、人びとが、協力しあいながら、自分たちの生活の経済的豊かさを考えて、海洋の科学的知見を活用し、海洋資源を保全し活用することは、たしかに持続可能な試みですが、それが多様な生きものへの、つまるところ自然への豊かな感性を欠く試みであるなら、それは、たんなる人間中心主義(ホモセントリズム)にとどまってしまいます。その種の試みにおける海の生きものは、たんなる「海洋資源」、つまり人間が経済的豊かさを得るための「道具」にすぎないからです。同じように見える人の行為も、その背後にある人の在りようや生きざまが異なるなら、同じ行為ではありません。

　第二章の最後あたりでふれた、自然への、生きものへの細やかな気遣いは、人としての豊かな心の現れです。海の感性的意味を考えることは、つまるところ、人が人として豊かな心を育むことです。海洋リテラシーが、たんなる海洋についての科学的知見にとどまらず、人間と自然の共生に向かう知性であるためには、海を通じて自然の感性的意味を思考し表現することが不可欠である、と思います。

　ともあれ、これからも、みなさんと一緒に、海洋教育を通じて、よりよい未来社会を創りだす方法を考えていきたい、と思います。

［執筆者一覧］
序文：田中智志／1章　田口康大／2章：田中智志／3章：梶川　萌／4章：田口康大／
5章：田口康大／おわりに：田中智志

田中智志　東京大学大学院教育学研究科 教授／同附属海洋教育センター センター長
田口康大　東京大学大学院教育学研究科附属海洋教育センター　特任講師
梶川　萌　東京大学大学院教育学研究科附属海洋教育センター　特任研究員

本書籍の成果は日本財団の助成によるものです。

海洋リテラシーの理念
日本からの発信

　　2022 年 3 月 31 日　初版第 1 刷発行

編著者　東京大学大学院教育学研究科附属海洋教育センター
　　　　田中智志　田口康大　梶川萌
発行者　菊池公男
発行所　株式会社　一藝社
　　　　〒 160-0014
　　　　東京都新宿区内藤町 1-6
　　　　Tel.　03-5312-8890
　　　　Fax.　03-5312-8895
　　　　振替　東京　00180-5-35
e-mail　info @ ichigeisha.co.jp
HP　　http：//www.ichigeisha.co.jp

印刷・製本
亜細亜印刷株式会社